ars vivendi

Das Metzgerei Boggnsagg Kochbuch

Antivegetarisch Schlemmen

Mit einem Vorwort von Bernd Regenauer und
Illustrationen von Roger Libesch

ars vivendi verlag

http://www.arsvivendi.com

Typografie und Ausstattung: Armin Stingl
Umschlagfoto: Herbert Voll
Lektorat: Petra Teetz
Illustrationen: Roger Libesch
Druck: Meyer, Scheinfeld
1. Auflage 2000

ISBN 3-89716-102-8

Inhalt

Geleitwort

Die Kultsendung *Metzgerei Boggnsagg* ist eine super Sache. Sie ist nicht nur eine witzige Radiosendung, die Kultstatus erreicht hat, sondern eben auch eine – erfundene – Metzgerei. Sie steht stellvertretend für die Vielfalt der traditionell und handwerklich geführten Metzgereien, die es gerade in Bayern und besonders in Franken im Gegensatz zu vielen anderen Regionen noch gibt.

Dass Herta und Schorsch Boggnsagg, der Tuning Paul, Frau Breller und all die anderen mittlerweile eine so große Fangemeinde haben, zeigt auch, dass das Metzgereihandwerk ein wichtiger Bestandteil der fränkischen Kulturlandschaft ist, den es zu pflegen und zu erhalten gilt.

Für den Einkauf in einem Fleischerfachgeschäft gibt es viele gute Gründe. Man unterstützt die regionale Landwirtschaft, hilft Arbeitsplätze sichern und schont durch kurze Weg und weniger Verpackung die Umwelt. Und vor allem: Frisches Fleisch aus der Metzgerei schmeckt gut und tut gut.

Wissenschaftliche Erkenntnisse haben gezeigt, wie förderlich das Lebensmittel Fleisch für unsere Gesundheit ist. So können Mineralstoff- und Vitaminmangel oft durch eine ausgewogene Ernährung mit Fleisch behoben werden. Die Südländer z. B. mit ihrer von Ernährungswissenschaftlern so viel gerühmten mediterranen Küche verzehren im Durchschnitt ca. 30% mehr Fleisch als die Deutschen.

Die Überzeugung, dass Fleisch wichtiger Bestandteil einer ausgewogenen Ernährung ist und der Spaß, den ich an der Metzgerei Boggnsagg habe, haben mich dazu bewogen, dieses Kochbuch von Anfang an und nach meinen Möglichkeiten zu unterstützen. Ich hoffe, es trägt seinen Teil dazu bei, die Esskultur bei uns zu pflegen und das Essen nicht nur als Nahrungsaufnahme zu sehen, sondern als ein Fest des Genusses und als Teil des Familienlebens.

Max Gruber, Metzgermeister (Europacupsieger der Fleischermeister 1998)

Vorwort

Essen und Trinken hält Leib und Seele zusammen. Oft genug geht dabei der Leib auch auseinander. Böse Zungen behaupten, in Franken kollidiere Schönheit schon mal von vorneherein mit der Ernährung. Wer in seinem Frankenleben 18.000 Bratwürste und zwei Tonnen Schweinebraten reingeschlichtet hat, der sei rein optisch aus dem Geschäft. Das liegt aber sicher auch daran, dass der fränkische Genießer seinem Schäuferla gern mehrere Hefeweizen mit auf den Weg gibt. Und warum auch nicht.

In Zeiten, in denen Models auf dem Laufsteg wie die Kinder aus Bulimie herumstaksen, bin ich froh, auch wohlgenährten Menschen zu begegnen.

Mit meiner Metzgerei Boggnsagg will ich unter anderem der fränkischen Lust huldigen, das Lebensmittel gern auch mal zur Lebensmitte zu machen. Essen ist dem Franken heilig. Aber auch sein Geldbeutel. Ein Franke fährt schließlich ohne mit der Wimper zu zucken 40 Kilometer Umweg, wenn dort der Schweinebraten nur 50 Pfennig weniger kostet. Das geht dem Franken da ums Prinzip. Beim Essen hört der Spaß auf! Wenn jemand irgendwo ein Schnitzel serviert bekommt, das auf einen halben Quadratmeter breit geklopft ist und für das man zwei Plätze extra reservieren muss, damit man es überhaupt essen kann, weiß das innerhalb einer Woche die ganze Region. Nichts spricht sich in Franken schneller herum als ein großes Schnitzel oder ein Schweinebraten, der a Fuchzgerla weniger kostet ...

Wie innig in Franken das Verhältnis zwischen hungrigem Gast und Gastroservice ist, zeigt auch ein Dialog, den ich zufällig belauschte ...

Bedienung *(kommt an den Tisch)*: Und?! Wäih schaudz aus? Woss griengsn nochädd dou?!
Gast: Ich hädd gern woss gessn.
Bedienung: Äschd die Gedränke!
Gast: Äh ... a Bier.
Bedienung: Bils, Hefe, Ald?
Gast: A Glanns. Gäihd a Glanns aa?

Bedienung: Woss für a Glanns?
Gast: A glanns Bier.
Bedienung: A Bils?
Gast: Homms nix anders?
Bedienung: Schauers hald in die Kaddn!
Gast: Ach gehmsmer a Cola.
Bedienung: Cola. Oddnung. Und? Essn?
Gast: Woss hommsn?
Bedienung: Dou is die Kaddn.
Gast: An Jächerschbieß homms gwieß ned?
Bedienung: Nur wass draffschdäihd!
Gast: Nou grichi an Sauerbroodn.
Bedienung: Mir homm obber blouß nu kalde Sachn.
Gast: Blouß nu kald? Aa kanne Broodwäschd?
Bedienung: Naa.
Gast: Nou homms blouß nu kald?
Bedienung: Hobbi doch gsachd.
Gast: Wou schdäihdn däss?
Bedienung: Dou! Seeng Sie schlechd?
Gast: Ich sich nix, wallz Ihrn Finger draffhomm.
Bedienung: Kalde Sachn. Dou is kald.
Gast: Nou gehms mer hald an Bressag.
Bedienung: Deä is aus.
Gast: Un a Woschdbladdn?
Bedienung: Is dou.
Gast: Soso.
Bedienung: Also a Woschdbladdn.
Gast: Könners dou die Gurkn wechlassn?
Bedienung: Däi is ohne Gurkn.
Gast: Ohne Gurkn?! Wissu is bai Ihner die Woschdbladdn midd ohne Gurkn?
Bedienung: Wassi ned.
Gast: Aaf a Woschdbladdn ködd normal scho a weng a Gurkn.
Bedienung: Nou griengs hald a Gurkn derzou.
Gast: Naa. Ich will ja kanne, is is blouß normol ersuu.
Bedienung: Also ohne Gurkn.
Gast: Ach naa, wissns woss, ich nimm an Oobazzdn.
Bedienung: Ezzer wollnz an Oobazzdn?!
Gast: Ja däffi kann Oobazzdn bschdelln?!

Bedienung: Bschdelln könner Sie, woss wolln.
Gast: Also bidde an Oobazzdn!
Bedienung: Däss koo obber a weng dauern.
Gast: Däss hobbi mer scho denkd. Nou schauers ermol her.
Bedienung: Wäih?!
Gast: Lächeln!
Bedienung: Woss sollnern däss ezzer?
Gast: Nerja, ich mach blouß schnell a Bollaroid vo Iihner. Dermidd ich Sie in zwaa Schdund wiedererkenn ...

In diesem Sinne: Lassen Sie es sich schmecken!

Bernd Regenauer

Subbm

Bratwurstsuppe

Für 8–10 Personen:
500 g Bratwürste, in 1 cm dicken Scheiben
4 Knoblauchzehen, zerdrückt
2 große Zwiebeln, gehackt
1 kleine Dose Tomaten
1 1/2 l Fleischbrühe
300 ml Rotwein
1 EL frisch gehackter Thymian
3 EL frisch gehackte Petersilie
1 grüne Paprikaschote, fein gehackt
2 mittelgroße Zucchini, in Scheiben
250 g Schmetterlingsnudeln

Die Bratwurststücke in einem großen Topf anbraten, anschließend das Fett abgießen. Zwiebeln und Knoblauch hineingeben und anschwitzen. Die Tomaten mit Saft zufügen und zerdrücken. Brühe und Rotwein angießen, die Kräuter einstreuen und 30 Minuten köcheln lassen. Dabei gelegentlich umrühren.

Dann die Gemüse zugeben und nochmals 15 Minuten köcheln lassen. Zuletzt die Nudeln einlegen und in 10–12 Minuten bissfest kochen.

Tipp
Bestreuen Sie die Suppe vor dem Servieren noch mit frisch geriebenem Parmesan.

Mitternachtssuppe

»Wennzd a weng a Hopfnkaldschale eiglidderd hossd, im Ballermann in Breidngüssbach, nou is däss genau is Richdige! Un hinderher midd a boar Schnäbbs in Moong nass rauswischn …« Tuning-Paul

Für 6 Personen:
750 g Schweinefilet
1 kg Zwiebeln
etwas Mehl
2 EL Olivenöl
250 ml Wasser
1 kg Sauerrahm
Salz
1 Prise Paprikapulver
1 Prise Currypulver
etwas Sherry

Das Schweinefilet in kleine Würfel, die Zwiebeln in Ringe schneiden.

Die Fleischwürfel in Mehl wenden und im heißen Öl scharf anbraten. Zwiebelringe zugeben und gut durchmischen. Sobald die Zwiebeln glasig sind, das Wasser angießen. Dann den Sauerrahm unterziehen und mit Salz, Paprika und Curry kräftig würzen. Mit Sherry abschmecken und die Suppe zum Kochen bringen. Danach auf kleiner Flamme etwa 1 Stunde ziehen lassen.

Sollte die fertige Suppe zu sämig sein, noch etwas Wasser oder Fleischbrühe zugießen. Mit Paprika bestreut servieren.

Tipp
Reichen Sie dazu Weißbrot oder frische Brötchen.

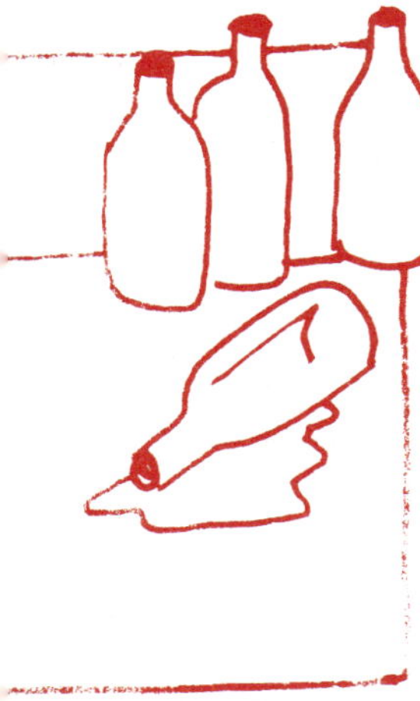

Rinderkraftbrühe mit Muskatklößchen

Für 6 Personen:
500 g Markknochen
1 kg Suppenfleisch ohne Knochen
1 Zwiebel mit Schale
1 Bund Suppengrün, grob zerkleinert
1 Lorbeerblatt
1 Zweig Liebstöckel
1 1/2 l kaltes Wasser
Salz
frisch gehackte Petersilie zum Bestreuen

Für die Muskatklößchen:
2 EL Butter
1 TL frisch geriebene Muskatnuss
1 Prise Salz
7 TL Weizengrieß
1 EL frisch gehackte Petersilie
1 Ei

Die gewaschenen Knochen in einen Kochtopf geben, darauf das Fleisch legen. Die Zwiebel halbieren und in einer Pfanne ohne Fett bräunen. Suppengrün, Zwiebel, Lorbeer und Liebstöckel zum Fleisch geben. Das Wasser angießen, salzen, zum Kochen bringen und etwa 2 Stunden köcheln lassen. Währenddessen mehrmals den Schaum abschöpfen. Anschließend das Fleisch herausnehmen und die Brühe durch ein Sieb in einen zweiten Topf gießen.

Für die Klößchen Butter, Muskat und Salz schaumig rühren. Grieß, Petersilie und Ei untermischen und etwa 10 Minuten quellen lassen. In der Zwischenzeit die Brühe wieder zum Sieden bringen. Dann mit einem Teelöffel Klößchen abstechen, in die Suppe einlegen und kurz ziehen lassen. Die Klößchen sind gar, wenn sie an die Oberfläche steigen.

Die Suppe mit Petersilie bestreuen und servieren.

Kräftige Gemüsesuppe

»Also mai Moo, deä Dieter, deä könnd si in die Subbn naihoggn! Naa naa, suwoss goudz!« Frau Breller

Für 4 Personen:
600 g Hochrippe vom Rind
1 1/2 l Wasser
Salz und Pfeffer
1 Petersilienwurzel
1 kg gemischtes Gemüse nach Saison
1 Lauchstange
500 g Kartoffeln
100 g geräuchertes Bündle, fein gewürfelt
2 Zwiebeln, gehackt
etwas gekörnte Brühe
1 Prise Zucker
1/2 Bund frisch gehackte Petersilie

Das Rindfleisch kalt abspülen. Das Wasser in einen großen Topf gießen, mit Salz und Pfeffer würzen und zum Kochen bringen. Fleisch und Petersilienwurzel hineinlegen und 1 Stunde köcheln lassen.

Das Gemüse putzen und in mundgerechte Stücke teilen. Den Lauch in Scheiben, die geschälten Kartoffeln in Stücke schneiden. Alles zum Fleisch geben und weitere 20–30 Minuten kochen.

In der Zwischenzeit das Bündle in einer Pfanne auslassen. Die Zwiebeln zugeben und goldgelb braten, dann beides unter die Suppe heben. Mit gekörnter Brühe, Zucker und Salz abschmecken. Zum Schluss mit Petersilie bestreuen und sofort servieren.

Ochsenschwanzsuppe

Für 4 Personen:
2 EL Öl
2 Ochsenschwänze, grob zerkleinert
3 Zwiebeln, gehackt
4 Knoblauchzehen, zerdrückt
1 EL Mehl
1 l Fleischbrühe
1 l Wasser
2 Lorbeerblätter
2 EL Tomatenmark
2 TL Worcestersoße
Salz und Pfeffer
4 Kartoffeln, gewürfelt
2 Pastinaken, gewürfelt
2 Karotten, in Scheiben
3 Tomaten, gewürfelt
2 EL frisch gehackte Petersilie

Das Öl in einem großen Topf erhitzen und den Ochsenschwanz portionsweise darin anbraten. Zuletzt das gesamte Fleisch wieder in den Topf geben. Zwiebeln und Knoblauch zufügen und weich dünsten. Mit Mehl bestäuben und kurz anschwitzen. Die Hälfte der Brühe zugießen und unter Rühren zum Kochen bringen. Vom Herd nehmen und etwa 2 Stunden kalt stellen. Dann das Fett abschöpfen.

Restliche Brühe, Wasser, Lorbeer, Tomatenmark, Worcestersoße und Salz und Pfeffer zur Suppe geben. Alles zusammen aufkochen, dann 2 Stunden abgedeckt köcheln lassen. Dabei gelegentlich umrühren.

Danach Kartoffeln, Pastinaken und Karotten untermischen und in etwa 10 Minuten weich köcheln. Zuletzt die Lorbeerblätter herausnehmen, die Suppe mit Tomatenwürfeln und Petersilie bestreuen und sofort servieren.

Mulligatawny-Suppe

»Ein klassisches Multi-Kulti-Rezept: fränkisches Huhn, Allgäuer Sahne, Bodensee-Äpfel und indisches Curry. Ich würde es gern mal Herrn Rüttgers (›Kinder statt Inder‹) servieren, dann aber vorher kräftigst mit Chili abschmecken.« Bernd Regenauer

30 g Butter
375 g Hähnchenschenkel ohne Haut
1 große Zwiebel, fein gehackt
1 Apfel, geschält, entkernt und fein gehackt
1 EL Currypaste
2 EL Mehl
750 ml Hühnerbrühe
3 EL Basmatireis
1 EL Chutney
1 EL Zitronensaft
3 EL Sahne

Die Butter in einem großen Topf erhitzen. Die Hähnchenschenkel 5 Minuten darin anbraten, dann herausnehmen. Zwiebel, Apfel und Currypaste hineingeben und weich dünsten. Mit Mehl bestäuben und weitere 2 Minuten unter Rühren kochen. Dann vom Herd nehmen. Die Hälfte der Brühe angießen und glatt rühren. Die Suppe zurück auf den Herd stellen, unter Rühren zum Kochen bringen und eindicken lassen.

Hähnchen und restliche Brühe zur Suppe geben, aufkochen lassen, abdecken und 1 Stunde köcheln lassen. 15 Minuten vor Ende der Garzeit den Reis einstreuen.

Die Hähnchenteile herausnehmen, das Fleisch ablösen, fein würfeln und wieder zur Suppe geben. Zuletzt Chutney, Zitronensaft und Sahne unterziehen, dann abschmecken.

Tipp
Für eine dünnere Suppe gießen Sie zum Schluss einfach noch etwas Wasser zu.

Tomatensuppe mit Lamm

Für 6 Personen:
500 g mageres Lammfleisch, gewürfelt
Öl zum Braten
2 Zwiebeln, gehackt
2 Karotten, gewürfelt
4 Selleriestangen, in Ringen
1 kleine Dose Tomaten in Stücken
2 l Fleischbrühe
500 g Spiralnudeln
frisch gehackte Petersilie

Das Lammfleisch im heißen Öl portionsweise goldbraun anbraten. Herausnehmen und auf Küchenpapier abtropfen lassen. Danach die Zwiebeln im Bratfett weich dünsten. Das Fleisch wieder in den Topf geben.

Karotten, Sellerie, Tomaten und Fleischbrühe zufügen, gut vermischen und alles zum Kochen bringen. Den Deckel auflegen und die Suppe 15 Minuten leise köcheln lassen.

Zuletzt die Nudeln einstreuen und offen weitere 10 Minuten köcheln lassen. Dabei mehrmals umrühren. Die Suppe ist fertig, wenn das Fleisch zart und die Nudeln bissfest sind. Mit Petersilie bestreut servieren.

Käsesuppe mit Hackfleisch

Für 4–6 Personen:
3 mittelgroße Zwiebeln, gehackt
3 EL Butter
500 g gemischtes Hackfleisch
250 ml Fleischbrühe
2 Lauchstangen, in Ringen
2 Ecken Sahne-Schmelzkäse
1 Ecke Kräuter-Schmelzkäse
400–600 ml Sahne

Die Zwiebeln in Butter andünsten, dann das Hackfleisch zugeben und gut anbraten. Die Fleischbrühe angießen und den Lauch zufügen. Die Suppe köcheln lassen, bis der Lauch weich ist. Etwas abkühlen lassen und den Schmelzkäse in der Suppe auflösen. Zuletzt Sahne angießen, bis die Suppe die gewünschte Konsistenz erreicht hat.

Tipp
Sie können diese Suppe mit gewürfelten Paprikaschoten, Maiskörnern oder Kräutern variieren.

Was Gouds zum Vespern

Blaue Zipfel

Für 4 Personen:
2–3 EL Butter oder Öl
4 Zwiebeln, in Ringen
2 Gewürznelken
1 Lorbeerblatt
5 Pfefferkörner
2 Wacholderbeeren
1 EL Senfkörner
1 TL Salz
1 Prise Zucker
1 Karotte, in feinen Streifen
1/2 Sellerieknolle, in feinen Streifen
1 Petersilienwurzel, in feinen Streifen
500 ml Wasser
125 ml Essig
250 ml Frankenwein
4 Paar fränkische Bratwürste

Die Butter in einem großen Topf erhitzen, die Zwiebeln hineingeben und glasig dünsten. Alle Gewürze und Gemüse zufügen und unter Rühren kurz anrösten. Wasser und Essig angießen, das Ganze zum Kochen bringen und etwa 15 Minuten köcheln lassen, bis die Gemüse bissfest sind. Dann den Herd ausschalten, den Sud jedoch auf der Kochplatte stehen lassen. Den Wein angießen und den Sud nochmals mit Zucker und Salz abschmecken. Zuletzt die Bratwürste einlegen und gar ziehen lassen.

Tipp
Die Blauen Zipfel zusammen mit dem Sud in einer Terrine servieren. Dazu schmeckt kräftiges Bauernbrot und etwas geriebener Meerrettich.

Sie können den fertigen Sud vor dem Einlegen der Bratwürste ganz nach Geschmack noch mit Senf und gehackter Petersilie verfeinern.

Nürnberger Bratwürstchen »im Blätterteig«

Für 4 Personen:
je 1 kleine rote, gelbe und grüne Paprikaschote
1 Zwiebel
24 Nürnberger Bratwürstchen
1/2 Flasche Tomaten-Gewürzketschup
100 ml Sahne

Die Paprikaschoten entkernen, waschen und in Streifen schneiden. Die Zwiebel ebenfalls in Streifen schneiden und mit den Paprikastreifen mischen. Dann gleichmäßig in einer Auflaufform verteilen. Die rohen Bratwürste in einer Schicht auf das Gemüse legen. Ketschup und Sahne gut verrühren und über die Bratwürste gießen, bis die Würstchen vollständig mit Soße bedeckt sind.

Die Auflaufform (ohne Abdeckung) in den Backofen schieben und bei 150 Grad 50–60 Minuten garen.

Tipp
Dazu empfehlen wir Kartoffelpüree. Das Gemüse lässt sich mit Zucchinischeiben variieren.

Hausgemachter Leberkäs

»Leewerkäs is a Glassiger! Wer den ned mooch, deä mooch glaabi goar nix.« Lehrbub

500 g Rindfleisch
500 g Schweinefleisch
300 g Schweineleber, gehäutet
65 g Schinkenspeck
2 große Zwiebeln
2 Eier
1 Bund frisch gehackte Petersilie
1 Tasse Semmelbrösel
1 TL Majoran
1 Msp. Thymian
2 TL würzflüssiger Pfeffer
1 Msp. Cayenne-pfeffer
500–750 ml Fleischbrühe
1–2 EL Schweine-schmalz

Fleisch und Leber in Stücke schneiden. Schinkenspeck und Zwiebeln würfeln. Alles zweimal durch den Fleischwolf (feine Scheibe) drehen.

Die Fleischmasse mit Eiern, Petersilie, Semmelbrösel und Gewürzen zu einem herzhaften Teig verarbeiten. Nach und nach die Fleischbrühe zugießen und den Teig 30 Minuten ziehen lassen.

In der Zwischenzeit das Schweineschmalz erhitzen und eine Kastenform damit ausstreichen. Den Backofen auf 220–240 Grad vorheizen. Den Fleischteig in die Form füllen und im heißen Ofen 1–1 1/2 Stunden braten. Die Kruste dabei mit Schmalz bestreichen, damit sie schön glänzt.

Den fertigen Leberkäs auf eine Platte oder ein Holzbrett stürzen und in Scheiben schneiden. Er schmeckt heiß und kalt sehr gut.

Pfälzer Saumagen

»Ja, da herrschte noch Zucht und Oddnung im Land herrschte da, als das Gericht da unser verehrter Altkanzler in die Öffentlichkeit hineinhob! Ich ess däss jede Woche.« Herr Beifuß

1 Saumagen
3 Brötchen
Milch
750 g magerer Schweinebauch
750 g magerer Vorderschinken
750 g Kartoffeln
1 kg helles Kalbsbrät
6 Eier
je 1 EL Salz, Pfeffer und Majoran
1 TL frisch geriebene Muskatnuss

außerdem:
1 Zwiebel, gewürfelt
Fett zum Braten
etwas Brühe
1 EL Speisestärke

Den Saumagen gut wässern und putzen.

Die Brötchen in Milch einweichen. Fleisch, Schinken und Kartoffeln in kleine Würfel schneiden und in eine Schüssel geben. Kalbsbrät, eingeweichte Brötchen, Eier und Gewürze zufügen und gut vermengen. Die Masse in die Öffnung des Saumagens füllen (aber nicht zu voll). Die drei Magenöffnungen mit Küchengarn zubinden und den Saumagen in reichlich Wasser bei 80 Grad 3 Stunden ziehen lassen. Dann herausnehmen und abkühlen lassen.

Die Zwiebel im Fett anrösten, den Saumagen in daumendicke Scheiben schneiden und ebenfalls von beiden Seiten anrösten. Mit Brühe ablöschen. 15 Minuten köcheln lassen, die Soße abschmecken und mit Speisestärke binden.

Tipp
Der Saumagen muss während der Garzeit immer schwimmen. Legen Sie deshalb eine Suppenkelle in den Topf, damit er nicht anhängt und anbrennt.

Zwiebelfleisch

Pro Person:
100 g kalter Braten
2–3 Zwiebeln
1 EL Butter
Salz und Pfeffer

Den kalten Braten in kleine Würfel, die Zwiebeln in Scheiben schneiden. Die Butter in einer Pfanne schmelzen und die Zwiebeln darin goldgelb dünsten. Dabei etwas salzen. Fleischwürfel zufügen und weiterbraten, bis das Fleisch erwärmt ist. Mit Salz und Pfeffer würzen. Dazu schmeckt Bauernbrot.

Gefüllter Rettich

2 große weiße Rettiche
150 g weiche Butter
2 EL Sahne
1/2 TL Salz
1/2 TL Pfeffer
150 g Edamer
150 g gekochter Schinken (oder kalter Braten)
1 Gewürzgurke
2 EL eingelegte Paprikastreifen
1 Bund Schnittlauch

Die Rettiche waschen, das Stielende abschneiden und mit einem scharfen Messer oder Teelöffel so weit wie möglich aushöhlen. Innen leicht salzen.

Butter, Sahne sowie Salz und Pfeffer verrühren. Käse, Schinken, Gewürzgurke und Paprika in kleine Würfel schneiden. Den Schnittlauch in feine Röllchen hacken. Dann alles gut mit der Butter vermischen.

Die Masse mit einem Löffel fest in die Rettiche drücken und diese einige Stunden durchkühlen lassen. Zum Servieren in Scheiben schneiden.

Tipp
Dazu schmecken Bauernbrot und ein Bier.

Schinkencarpaccio auf Feldsalat

Für 4 Personen:
250 g roher Schinken
6 EL Olivenöl
250 g Feldsalat
100 g Walnüsse
1–2 EL Balsamico-Essig
1 Prise Salz
1 Prise Zucker

Den Schinken in hauchdünne Scheiben schneiden und auf einen Teller legen. Mit 4 Esslöffeln Olivenöl beträufeln und 30 Minuten im Kühlschrank durchziehen lassen.

In der Zwischenzeit den Feldsalat waschen und trockenschleudern. Die Walnüsse grob hacken. Aus dem restlichen Olivenöl sowie Essig, Salz und Zucker eine Vinaigrette bereiten.

Den Feldsalat auf einer Platte oder auf Portionstellern anrichten und mit Vinaigrette besprenkeln. Den marinierten Schinken auf das Salatbett legen, mit Walnüssen bestreuen und servieren.

Marinierte Ochsenbrust

2 l Wasser
1 kg Rindfleisch (Brustkern, Tafelspitz)
1/2 Lauchstange
2 Karotten
1 Zwiebel
1 Lorbeerblatt
5 Pfefferkörner
1 TL Salz

Für die Marinade:
4–5 EL Essig
250 ml Wasser
1 TL Salz
1 Prise Zucker
frisch gemahlener Pfeffer
1 Zwiebel, gewürfelt
1/2 Bund frisch gehackte Petersilie
1 EL Öl

Das Wasser in einem Topf zum Kochen bringen und die Ochsenbrust einlegen. Lauch, Karotten und Zwiebel putzen und grob zerkleinern. Das Gemüse zusammen mit Lorbeerblatt, Pfeffer und Salz in die Brühe geben und das Fleisch etwa 1 1/2 Stunden köcheln lassen. Herausnehmen und 15 Minuten in kaltes Wasser legen. Dann abtropfen lassen, die Fettstücke sorgfältig entfernen, das Fleisch in dünne Scheiben schneiden und auf einer Platte anrichten.

Für die Marinade alle Zutaten außer dem Öl gut miteinander verrühren. Das Fleisch mit der Marinade übergießen und mindestens 2 Stunden durchziehen lassen. Vor dem Servieren mit Öl beträufeln.

Schnitzelsandwich

»Also däss essmer aaf der Bauschdell braggdisch eedn Dooch. Sofern ich in deä Metzgerei in Beschdellzeddl find …« Lehrbub

Das Baguettebrötchen aufschneiden und aufklappen. Beide Innenseiten mit Majonäse bestreichen, dann mit Salat und Tomatenscheiben belegen. Zuletzt das Schnitzel auf die Unterseite legen und das Baguette zusammenklappen.

Pro Person:
1 Baguettebrötchen
1–2 EL Majonäse
einige Salatblätter
1 Tomate, in Scheiben
1 gebackenes Schnitzel

Tipp
Wer mag, kann das Schnitzel noch mit einigen Zwiebelringen garnieren.

Bratwurstsülze

Für 2 Teller:
750 ml ungesalzene Rinderbrühe
1 Päckchen Sülzenpulver
3–4 EL Weinessig
8 gebratene Bratwürste
2 hart gekochte Eier, halbiert
1 Zwiebel, in Ringen
1 Tomate, in Scheiben
2 Essiggurken, in Scheibchen

Rinderbrühe und Sülzenpulver zusammen kurz aufkochen, dann durch ein Sieb gießen und den Weinessig untermischen.

Je vier Bratwürste in einen tiefen Teller legen und mit Eihälften, Zwiebelringen, Tomaten- und Gurkenscheiben garnieren. Als Nächstes mit einigen Esslöffeln Sülzenbrühe übergießen. Etwas fest werden lassen und dann erst die beiden Teller mit der restlichen Sülzenbrühe füllen. Kalt stellen.

Tipp
Bereiten Sie diese Sülze auch einmal mit in Scheiben geschnittener Stadtwurst zu.

Gelegter mit Musik

»Dou solld mer midd am Schnäbbsla nochschbüln, wall sunst riechst a weng aus der Goschn naus …«
Schorsch Boggnsagg

Pro Person:
je 125 g Weißgelegter und Rotgelegter (magerer Presssack)
1 Zwiebel
Salz und Pfeffer
Essig
Öl

Den Gelegten in Würfel schneiden, die Zwiebel fein hacken. Alles in eine Schüssel geben und mit Salz, Pfeffer, Essig und Öl kräftig anmachen. Den Wurstsalat vor dem Servieren gut durchziehen lassen.

Tipp
Dazu gibt's Pellkartoffeln oder ganz einfach ein dunkles Bauernbrot.

Wurstsalat mit Tomaten

Pro Person:
150 g Fleischwurst
2 Tomaten
1 Zwiebel
Essig
Öl
Salz und Pfeffer
1/2 Bund frisch gehackte Petersilie

Die Fleischwurst abziehen, längs halbieren und die Hälften in dünne Scheiben schneiden. Tomaten und Zwiebel ebenfalls halbieren und in Scheiben schneiden. Alles in eine Schüssel geben.

Aus Essig, Öl, Salz und Pfeffer eine kräftige Vinaigrette bereiten, über den Wurstsalat gießen und gut vermischen. Zum Servieren mit Petersilie bestreuen.

Tipp
Dazu schmeckt am besten ein Butterbrot. Sie können die Tomaten auch gegen eine in feine Streifen geschnittene rote Paprikaschote austauschen.

Rindfleischsalat

1 kg gekochtes Rindfleisch (Keule)
2 Paprikaschoten
4 Tomaten
3 Zwiebeln
2 Gewürzgurken

Für die Marinade:
250 ml heiße Fleischbrühe
5 EL Essig
4 EL Öl
Salz und Pfeffer
1 Prise Paprikapulver
1 Bund frisch gehackte Petersilie

Rindfleisch, Paprikaschoten und Tomaten in Streifen, die Zwiebeln in Ringe und die Gewürzgurken in Scheiben schneiden.

In einer Schüssel Fleischbrühe, Essig und Öl mischen. Das Fleisch hineinlegen und 20 Minuten ziehen lassen. Dann die übrigen Zutaten zugeben und alles gut durchmischen. Mit Salz, Pfeffer und Paprika würzen. Den Rindfleischsalat 15 Minuten durchziehen lassen. Mit Petersilie bestreuen und servieren.

Tipp
Verwenden Sie die Kochbrühe, in der das Rindfleisch gekocht wurde, als kräftige Suppe.

Geflügelsalat

1/2 gekochtes Huhn
1 EL Kapern
1 Tasse Ananasstücke, abgetropft
1 Banane, in Scheiben
1 Apfel, in dünnen Spalten
1 kleine Dose Champignons, abgetropft

Für das Dressing:
einige EL Majonäse
3 EL Jogurt
1 Prise Pfeffer
1 Prise Currypulver
1 EL Honig

Das Huhn in mundgerechte Stücke teilen und in eine Schüssel geben. Kapern, Ananas, Banane, Apfel und Champignons zufügen.

Majonäse, Jogurt, Pfeffer, Curry und Honig zu einem Dressing verrühren. Über die Salatzutaten gießen und gut vermischen.

Schwein g'habt

Knusprige Schinkenscheiben

Für 4 Personen:
1 Ei
125 ml Bier
Salz
50 g Mehl
1 EL frisch gehackte Petersilie
8 Scheiben gekochter Hinterschinken à 125 g
Fett zum Ausbacken

Ei, Bier, Salz, Mehl und Petersilie gut verquirlen und 15 Minuten quellen lassen.

Die Schinkenscheiben im Teig wenden und im heißen Fett ausbacken. Dabei nur so viele Scheiben auf einmal backen, wie gut nebeneinander in der Pfanne Platz haben. Auf Küchenpapier abtropfen lassen und heiß servieren.

Tipp
Dazu passt wunderbar Kartoffelpüree oder Kartoffelsalat und gemischter Salat.

Schinken in Rahmsoße

Für 4 Personen:
1 Zwiebel, fein gehackt
1 Döschen Tomatenmark
125 ml Weißwein
1 TL gekörnte Brühe
Salz und Pfeffer
1/2 TL Paprikapulver
1 Prise Thymian
200 ml Sahne
4 Scheiben gekochter Schinken à 150 g

In einem Topf Zwiebel, Tomatenmark, Wein, gekörnte Brühe und Gewürze verrühren. Diese Mischung 2 Minuten leise köcheln lassen. Dann die Sahne zugießen und wieder erhitzen.

Zum Schluss den Schinken hineinlegen und etwa 8 Minuten in der Rahmsoße ziehen lassen. Achten Sie dabei darauf, dass die Soße nicht zum Kochen kommt.

Kassler überbacken

Das Kassler im Weißwein 30–40 Minuten dünsten (nicht kochen!), dann im Sud abkühlen lassen.

Die Paprikaschoten entkernen, waschen und in Streifen schneiden. Zusammen mit Zwiebeln, Lauch und Champignons in Butter anbraten. Mit Mehl bestäuben. Tomatenpüree und Kochsud zugeben und 10 Minuten unter Rühren köcheln lassen. Mit Salz, Pfeffer und Kräutern abschmecken.

Den Backofen auf 250 Grad vorheizen. Das Fleisch in Scheiben schneiden und in eine feuerfeste Form legen. Die Gemüsemischung darauf verteilen und mit Käse bestreuen. Im heißen Backofen in etwa 45 Minuten goldbraun überbacken.

Tipp
Servieren Sie dazu Reis oder Weißbrot.

750 g rohes Kassler (oder Kasslerhals) ohne Knochen
750 ml trockener Weißwein
1 rote Paprikaschote
1 gelbe Paprikaschote
2 Zwiebeln, fein gehackt
1 Lauchstange, in feinen Ringen
250 g Champignons, blättrig geschnitten
1 EL Butter
2 EL Mehl
1/2 Tasse Tomatenpüree
Salz und Pfeffer
Majoran
Basilikum
250 g Gouda, gerieben

Schweinekotelett mit Champignonzwiebeln

Für 5 Personen:
5 Koteletts mit Filet à 250 g
Salz und Pfeffer
1 Prise Kümmelpulver
Mehl zum Wenden
Öl zum Braten
250 g Zwiebeln, in Ringen
350 g Champignons, geviertelt
250 ml Bratensoße
30 g Petersilie, abgezupft

Für die Bratensoße:
500 g Kleinfleisch vom Schwein
Salz und Pfeffer
1 Prise Kümmel
1 EL Schweineschmalz oder Öl
je 100 g Karotte, Sellerieknolle, Zwiebel und Apfel, gewürfelt
50 ml Bier
400 ml kaltes Wasser
1 EL Speisestärke (bei Bedarf)

Für die Bratensoße das Kleinfleisch mit Salz, Pfeffer und Kümmel würzen und mit Fett im Backofen bei 200 Grad 20 Minuten anbraten. Das Gemüse zugeben und weitere 20 Minuten braten. Das Kleinfleisch sollte eine schöne Farbe haben. Nicht zu dunkel werden lassen, sonst wird die Soße bitter. Dann aus dem Ofen nehmen, in einen Topf umfüllen und Bier und Wasser angießen. Alles 2–2 1/2 Stunden auf kleiner Flamme ziehen lassen. Zum Schluss durch ein Sieb passieren und warm stellen.

Für die Koteletts den Backofen auf 150 Grad (Umluft) vorheizen. Das Backblech doppelt mit Backpapier auslegen und das Gitter darauf legen. Die Koteletts mit Salz, Pfeffer und Kümmel würzen. Dann in Mehl wenden und in heißem Öl von beiden Seiten goldbraun anbraten. Auf das Gitter legen und für 6–8 Minuten in den heißen Ofen schieben. Die Temperatur dann auf 75 Grad reduzieren und weitere 4 Minuten ruhen lassen.

Den Bratfond der Koteletts zur Soße geben und diese bei Bedarf mit Speisestärke binden.

Zuletzt die Zwiebeln in heißem Öl glasig dünsten. Champignons zufügen und mit Salz und Pfeffer würzen. Die Bratensoße einrühren und die Petersilie unterheben. Die Champignonzwiebeln zu den Koteletts servieren.

Tipp
Reichen Sie Bratkartoffeln als Beilage.

Schälrippchen mit Kichererbsen

»Eichendli is däss scho fasd a Gmüüs-Gerichd. Is obber drozzdem legger!« Schorsch Boggnsagg

Das Öl in einem großen Schmortopf erhitzen. Die Rippchen darin von allen Seiten etwa 15 Minuten braun anbraten. Dabei immer wieder wenden, damit sie nicht anhängen.

Knoblauch, Sellerie und Karotten zum Fleisch geben und kurz mitbraten, bis das Gemüse mit Öl überzogen ist. Dann die Tomaten mit Saft zugeben und alles mit Salz und Pfeffer würzen. Die Rippchen 20 Minuten in der Tomatensoße garen, zuletzt die Kichererbsen zugeben. Falls Fleisch und Gemüse nicht mit Flüssigkeit bedeckt sind, etwas Brühe angießen. Den Deckel auflegen und alles 45 Minuten köcheln lassen. Die Rippchen sind fertig, sobald sich das Fleisch leicht vom Knochen lösen lässt. Mit Basilikum bestreut servieren.

Für 4 Personen:
3 EL Olivenöl
1 kg fleischige Schälrippchen
5 Knoblauchzehen, gehackt
2 Selleriestangen, gehackt
2 Karotten, gehackt
1 kleine Dose Tomaten
Salz
schwarzer Pfeffer
2 kleine Dosen Kichererbsen, abgetropft
etwas Fleischbrühe bei Bedarf
1/2 Bund frisch gehacktes Basilikum

Tipp
Dazu schmeckt Weißbrot.

Schlemmerschnitzel

Für 4 Personen:
4 Schweineschnitzel à 100 g
Salz und Pfeffer
100 g Emmentaler, gerieben
2 EL Butter
250 ml Sahne
250 ml Weißwein

Für die Farce:
100 g Champignons, blättrig geschnitten
75 g Zwiebeln, fein gehackt
Butter zum Andünsten
75 g geräuchertes Bündle, gewürfelt
150 g feines Bratwurstgehäck
2 EL Petersilie, fein gehackt

Für die Farce Champignons und Zwiebeln in der heißen Butter glasig dünsten. Das Bündle zugeben und kurz mitdünsten. Erkalten lassen, dann Bratwurstgehäck und Petersilie untermischen.

Die Schnitzel mit Salz und Pfeffer würzen. Anschließend auf der Oberseite etwa 1 cm dick mit Farce bestreichen und mit Käse bestreuen.

Den Backofen auf 180 Grad vorheizen. Die Butter in einer Auflaufform im Ofen schmelzen lassen. Die Schnitzel in die Form legen und etwa 15 Minuten im heißen Ofen garen. Sahne und Wein angießen und nochmals 15 Minuten im Ofen köcheln lassen. Die fertigen Schnitzel aus der Soße nehmen, diese durchpassieren und bei Bedarf etwas binden. Die Soße getrennt zu den Schlemmerschnitzeln reichen.

Tipp
Dazu passen Nudeln und ein gemischter Salat.

Schnelle Schnitzel

Für 4 Personen:
4 dünn geschnittene Schnitzel (vom ausgelösten Kotelettstück)
4 Salbeiblätter
4 Scheiben roher Schinken
2 EL Fett
Salz und Pfeffer
1 EL Butter
1/4 Tasse Weißwein
1 EL Sahne

Jedes Schnitzel mit einem Salbeiblatt belegen, mit einer Scheibe Schinken bedecken und beides mit Holzspießchen feststecken.

Das Fett in einer Pfanne erhitzen und die Schnitzel darin von beiden Seiten 3–4 Minuten braten. Pfeffern und sparsam salzen. Die Schnitzel herausnehmen und warm stellen.

Die Butter im Bratfond schmelzen. Wein und Sahne angießen und rasch bei großer Hitze cremig einkochen. Die Soße über die Schnitzel gießen und servieren.

Tipp
Bratkartoffeln und grüner Salat sind die ideale Beilage.

Tessiner Schnitzel

Für 4 Personen:
4 Schweineschnitzel
Mehl zum Panieren
Fett zum Braten
4 Scheiben Emmentaler
20 g Margarine
30 g Mehl
375 ml Fleischbrühe
200 g Sauerrahm
1 EL Tomatenmark
Salz und Pfeffer

Die Schnitzel klopfen, mit Salz und Pfeffer würzen und in Mehl wenden. Dann von beiden Seiten im heißen Fett anbraten. Die Schnitzel anschließend mit jeweils 1 Scheibe Käse dazwischen schuppenartig in eine Auflaufform schichten. Den Backofen auf 200 Grad vorheizen.

Aus Margarine und Mehl eine helle Einbrenne bereiten, mit Brühe aufgießen und mit Salz und Pfeffer abschmecken. Sauerrahm und Tomatenmark einrühren. Die Soße über die Schnitzel gießen und diese im heißen Ofen etwa 45 Minuten backen.

Schnitzelpfanne

Für 4 Personen:
4–5 Schweineschnitzel (Nuss)
Salz und Pfeffer
1 Ei, verquirlt
Semmelbrösel oder Mehl zum Panieren
Fett zum Braten
4–5 große Zwiebeln, fein gehackt
1 große Dose Champignons, abgetropft
150 g Crème fraîche (natur)
150 g Crème fraîche Kräuter
200 ml Sahne
1 Prise Paprikapulver
1 Prise Currypulver
1 Prise getrocknete Kräuter
1 Prise gekörnte Brühe
2 Camemberts à 125 g

Die Schnitzel in mittelgroße Stücke schneiden, mit Salz und Pfeffer würzen und panieren. Dann im heißen Fett ganz durchbraten, herausnehmen und in einen Tontopf schichten. Die Champignons darüber verteilen.

Die Zwiebeln im Bratfond andünsten. Crème fraîche und Sahne zugeben, mit Paprika, Curry, Kräutern und Brühe abschmecken. Die Sahnemischung kurz aufkochen lassen und über die Schnitzel gießen.

Zuletzt den Camembert in Scheiben schneiden und die Schnitzelpfanne damit belegen. Den Tontopf mit Alufolie abdecken und alles über Nacht im Kühlschrank durchziehen lassen.

Im Backofen auf der mittleren Schiene bei 190 Grad (Umluft) 1 1/2 Stunden backen. 15 Minuten vor Ende der Garzeit die Alufolie entfernen, damit der Käse schön schmelzen kann.

Tipp
Dazu gibt's Reis und Salat.

Schweinefleischpfanne

Für 4 Personen:
4 Scheiben Schweinenacken
Salz und Pfeffer
2 TL Paprikapulver
4 EL Öl
5 EL Schaschliksoße
125 ml Fleischbrühe
1 große Dose geschälte Tomaten
125 g Sauerrahm

Die Fleischscheiben kalt abspülen, sorgfältig mit Küchenpapier trocknen und mit der Hand flach klopfen. Mit Salz, Pfeffer und Paprika würzen.

Das Öl in einer großen Pfanne erhitzen und die Fleischscheiben darin von beiden Seiten gut anbraten. Schaschliksoße, Brühe und Tomatensaft unterrühren und das Fleisch 20 Minuten schmoren lassen. Dann den Sauerrahm unterziehen, die Tomaten zugeben und das Gericht in der geschlossenen Pfanne noch 5 Minuten ziehen lassen.

Majoranfleisch

Für 4 Personen:
750 g magerer Schweinenacken ohne Knochen
375 g Zwiebeln
50 g Schweineschmalz
2 Bund Majoran, gehackt
250 ml Fleischbrühe
200 g Crème fraîche
Salz und Pfeffer

Das Fleisch in schmale Streifen, die Zwiebeln in Ringe schneiden.

Das Schmalz in einem großen Topf erhitzen und das Fleisch darin kräftig anbraten. Die Zwiebeln zugeben und goldgelb werden lassen. Die Hälfte vom Majoran einstreuen und kurz mit anbraten. Mit Brühe ablöschen, den Deckel auflegen und alles 20 Minuten schmoren lassen. Dann die Crème fraîche unterziehen und wieder etwas einkochen lassen. Zuletzt den restlichen Majoran zufügen und mit Salz und Pfeffer herzhaft abschmecken. Sofort servieren.

Tipp
Servieren Sie breite Nudeln als Beilage.

Gulasch mit Lauch

Für 4 Personen:
300 g Sellerieknolle
150 g Zwiebeln
30 g Butterschmalz
1 kg Schweinenacken, gewürfelt
2 TL Tomatenmark
Salz und Pfeffer
125 ml trockener Weißwein
500 ml Fleischbrühe
1 Lorbeerblatt
500 g Lauchstangen
5 Zweige Majoran
3 EL Soßenbinder
abgeriebene Schale von 1/2 Zitrone

Den Sellerie waschen, schälen und würfeln. Die Zwiebeln abziehen und grob hacken.

Das Butterschmalz in einem Schmortopf erhitzen und das Fleisch portionsweise darin kräftig anbraten. Dann herausnehmen. Sellerie und Zwiebeln im Bratfond kurz anrösten. Tomatenmark zufügen und anschwitzen. Das Fleisch wieder zugeben, salzen und pfeffern. Mit Wein ablöschen, die Brühe angießen und aufkochen. Lorbeer zugeben und alles abgedeckt bei geringer Hitze 1 1/4 Stunden schmoren.

Inzwischen den Lauch putzen, gründlich waschen und schräg in Ringe schneiden. Nach 45 Minuten Garzeit zum Gulasch geben. Den Majoran waschen, trockentupfen, abzupfen und grob hacken.

Das fertige Gulasch binden und mit Salz, Pfeffer, Majoran und Zitronenschale abschmecken.

Ungarischer Gemüsetopf

300 g Gulasch vom Schwein
Öl zum Braten
1 große Zwiebel, gehackt
1–2 grüne Paprikaschoten
1 kleine Dose Tomaten in Stücken
1 Dose Mais, abgetropft
1 kleine Dose Champignons, abgetropft
125–250 ml Brühe
Salz und Pfeffer
etwas Paprikapulver

Das Gulasch im heißen Öl scharf anbraten. Die Zwiebel zugeben und mitbraten. Die Hälfte der zerkleinerten Tomaten angießen und alles etwa 30 Minuten schmoren lassen.

Inzwischen die Paprikaschote putzen und in Streifen schneiden. Dann zum Fleisch geben und 15–20 Minuten mitgaren. Anschließend restliche Tomaten, Mais, Champignons und Brühe zufügen. Mit Salz, Pfeffer und Paprika abschmecken und kurz weitergaren, bis das Fleisch weich ist.

Tipp
Dazu passt Reis oder Stangenweißbrot.

Pfundstopf

Für 8–10 Personen:
500 g Schweinegulasch, gewürfelt
500 g Rindergulasch, gewürfelt
500 g gekochtes Kassler, gewürfelt
500 g Putenschnitzel, gewürfelt
500 g Bratwürste oder Bratwurstgehäck
500 g Tomaten, in Scheiben
500 g Zwiebeln, in Ringen
1 Flasche Schaschlik- oder Zigeunersoße
500 ml Sahne

»Däss hobbi aaf anner dodahl brudahlen Bardie gessn. Un däi Schneggn, däi däss gmachd hodd, hodd ned blouß goud kochn könner …« Tuning-Paul

Die einzelnen Fleischsorten, Tomaten und Zwiebeln in der angegebenen Reihenfolge in einen Bräter schichten.

Schaschliksoße und Sahne verquirlen, über das Fleisch gießen und den Bräter mit einem Deckel verschließen. Den Pfundstopf im Backofen bei 200 Grad etwa 3 Stunden schmoren lassen. Währenddessen nicht umrühren oder nachwürzen.

Tipp
Dazu gibt's Weißbrot oder Partybrötchen.

Schaschlik im Römertopf

500 g Schweinefleisch, gewürfelt
500 g Rindfleisch, gewürfelt
250 g geräuchertes Bündle, gewürfelt
500 g Zwiebeln, in Ringen
6 dünne Scheiben geräuchertes Bündle
1 Flasche Schaschlik- oder Currysoße

Den Römertopf wässern. Danach die Hälfte der Schweinefleisch-, Rindfleisch- und Bündlewürfel in den Römertopf geben. Mit der Hälfte der Zwiebelringe bedecken. Diesen Vorgang nochmals wiederholen. Die zweite Zwiebelschicht mit den Bündlescheiben belegen.

Zuletzt die Schaschliksoße darüber gießen und den Schaschliktopf bei 220 Grad 1–1 1/2 Stunden schmoren.

Tipp
Servieren Sie dazu Weißbrot oder Pommes frites.

Köstritzer Mutzbraten mit Schwarzbiersoße

Für 4 Personen:
1 kg Schweinehals
etwas Öl
Salz und Pfeffer
etwas Kümmelpulver
1 TL Thymian
2 TL Majoran
Margarine
2 Flaschen Köstritzer Schwarzbier
1 EL Speisestärke

Den Schweinehals längs aufschneiden (nicht ganz durchtrennen) und aufklappen. Die Innenseite leicht mit Öl bestreichen und mit Salz, Pfeffer, Kümmel sowie der Hälfte von Thymian und Majoran würzen. Den Hals zusammenrollen und mit Küchengarn schnüren oder als Rollbraten in ein Netz stecken. Die Außenseite mit dem restlichen Thymian und Majoran sowie mit Salz, Pfeffer und Kümmel nach Geschmack würzen.

Den Braten in einen gefetteten Bräter legen, in den Backofen schieben und bei 220 Grad etwa 2 Stunden braten. Das Fleisch dabei mehrmals wenden. Nach 1 Stunde mit einer Flasche Schwarzbier übergießen. Kurz vor Ende der Garzeit die zweite Flasche über den Braten gießen.

Den fertigen Mutzbraten herausnehmen, Garn lösen und das Fleisch in Scheiben schneiden. Die Soße mit in etwas Wasser angerührter Speisestärke binden und zum Fleisch servieren.

Tipp
Reichen Sie zu dieser Spezialität Thüringer Klöße oder Salzkartoffeln und Blaukraut.

Gebratenes Schäufele

Für 4 Personen:
Salz und Pfeffer
1 Prise Paprikapulver
2 kg Schäufele, die Schwarte rautenförmig eingeschnitten
1 Zwiebel, in Spalten
1 Bund Suppengrün, grob zerkleinert
250 ml Wasser
1 EL Mehl

Das Schäufele mit Salz, Pfeffer und Paprika rundum gut einreiben. Dann in einen Bräter legen. Zwiebel und Suppengrün um das Fleisch verteilen und das Wasser angießen. Im Backofen bei 150 Grad 2 Stunden braten.

Das fertige Schäufele aus dem Bräter nehmen. Den Bratfond durch ein Sieb in einen Topf passieren, die Soße mit in wenig Wasser angerührtem Mehl binden und abschmecken. Das Schäufele dann wieder zurücklegen und weitere 30 Minuten bei 180 Grad braten, bis die Schwarte schön knusprig ist.

Tipp
Servieren Sie dazu Kartoffelklöße und Salat oder Sauerkraut.

»Däss sichd mer scho an der Wampn, dass däss mai Schorsch bsonders gern mooch ... Dou moui immer eggsdra vill machn. A aanzichs Gniedla langd dämm dou ned.« Hertha Boggnsagg

Schweinebraten in Dunkelbiersoße

Für 4–6 Personen:
1–1 1/2 kg Schweinefleisch (Hals, Schlegel)
Salz und Pfeffer
1 TL Majoran
1–2 Knoblauchzehen, zerdrückt
1/2 TL Kümmelpulver
1 Zwiebel, gehackt
1 Bund Suppengrün, zerkleinert
etwas Brotrinde
500 ml Fleischbrühe oder Wasser
200 ml dunkles Bier
2 TL Speisestärke

Das Fleisch waschen, trockentupfen und mit Salz, Pfeffer, Majoran, Knoblauch und Kümmel rundum einreiben.

Mit der Schwarte nach unten in einen Bratentopf legen und etwa 20 Minuten zugedeckt dämpfen. Dann umdrehen, Zwiebeln, Suppengrün und Brotrinde zufügen und bei guter Hitze offen weiterbraten. Dabei gelegentlich seitlich Flüssigkeit angießen. Den Braten nach halber Garzeit mit dem Bier übergießen.

Den fertigen Schweinebraten herausnehmen, die Soße durch ein Sieb passieren, abschmecken und mit der in etwas Wasser angerührten Speisestärke binden.

Schweinerollbraten mit Birnen

Für 4 Personen:
2 große Birnen
1 kg Schweinehals oder -kotelett
1 TL Salz
1 Würfel Fleischbrühe
1 TL Paprikapulver
1 Msp. Knoblauchsalz
1 Lorbeerblatt
1/2 TL getrockneter Rosmarin
1 EL Öl
125 ml Wasser

Einen Tontopf mit Deckel wässern.

Die Birnen schälen, vierteln, vom Kerngehäuse befreien und nochmals teilen. Das Fleisch rundum mit Salz, zerbröseltem Brühwürfel, Paprika und Knoblauchsalz einreiben. Zerpflücktes Lorbeerblatt und Rosmarin auf die Innenseite streuen und Birnenachtel darauf legen. Das Fleischstück aufrollen und mit Küchengarn zusammenbinden.

Den Tontopf abtropfen lassen und mit Öl einpinseln. Den Rollbraten ebenfalls mit Öl bestreichen. Dann in die Form legen, abdecken und im Backofen bei 220 Grad 20 Minuten braten. Den Deckel abnehmen, das Wasser um den Braten herum angießen, die Form wieder schließen und das Fleisch weitere 50 Minuten garen.

Tipp
Dazu gibt's Kartoffelpüree oder Kartoffelklöße und Rosenkohl.

Schweinefilet im Gemüsebett

4 kleine Karotten
4 Frühlingsziebeln
1 kleine Zwiebel
1 Lauchstange
1 Bund glatte Petersilie
1 Schweinefilet
Butterschmalz zum Braten
1 Päckchen Tiefkühl-Kräuter
Butterflöckchen
Salz und Pfeffer

Den Backofen auf 140 Grad vorheizen. Karotten, Frühlingszwiebeln, Zwiebel und Lauch putzen und klein schneiden. Die Petersilie fein hacken. Gemüse und Petersilie mischen und salzen.

Das Schweinefilet in Portionsstücke schneiden, mit Salz und Pfeffer würzen und im heißen Butterschmalz von beiden Seiten kurz anbraten.

Pro Portion ein Stück Alufolie vorbereiten und die Gemüsemischung gleichmäßig darauf verteilen. Jedes Filetstück auf ein Gemüsebett legen, mit Kräutern bestreuen und mit Butterflöckchen belegen. Zuletzt die Alufolie zu Päckchen verschließen und diese im heißen Backofen 30–40 Minuten garen.

Tipp
So zubereitet, bleibt Schweinefilet zart und saftig. Als Beilage eignen sich Salz- oder Petersilienkartoffeln, Kartoffelgratin und Blattsalat.

Schweinefilet »Grand Gourmet«

»Ultra-lecker ist das, Ihr herzigen Schnuppies! Da lass ich jedes Sushi kalt werden …« Frau Düboo

500 g Schweinefilet
Pfeffer
Öl zum Braten
etwas Brühe
1 Packung Tiefkühl-Blätterteig
1 Ei, getrennt

Für die Farce:
1 kleine Dose geschnittene Champignons, abgetropft
1 große Zwiebel, fein gehackt
2 EL frisch gehackte Petersilie
100 g gekochter Schinken, fein geschnitten
1/2 TL abgeriebene Zitronenschale
1 TL Worcestersoße
100 g kalte Butter
1/2 TL Salz
Pfeffer

Das Filet rundum mit Pfeffer einreiben. Dann im heißen Öl scharf anbraten, etwas Brühe angießen und 20–30 Minuten schmoren lassen.

Für die Farce alle Zutaten im Mixer zu einer feinen Masse pürieren und diese im Kühlschrank fest werden lassen.

Den Blätterteig nach Packungsanleitung auftauen. Die Teigränder mit Eiweiß bestreichen. Dann die Teigstücke übereinander legen und zu einem großen Rechteck ausrollen. Ein Drittel der Farce in der Mitte des Rechtecks verstreichen. Das Filet darauf setzen und mit der restlichen Farce ummanteln. Den Blätterteig darüber klappen, die Ränder gut festdrücken und die Enden unterschlagen. Überstehenden Teig abschneiden und als Verzierung verwenden.

Den Teigmantel sorgfältig mit verquirltem Eigelb bestreichen. Dann auf ein kalt abgespültes Backblech setzen und bei 160–180 Grad (Heißluft) 20–30 Minuten in der Röhre backen. Anschließend bei geöffneter Ofentür noch 10 Minuten ruhen lassen.

Tipp
Servieren Sie als Beilage verschiedene Salate.

Filet-Apfel-Topf

Für 4 Personen:
800 g Schweinefilet
1 EL Butterschmalz
Salz und Pfeffer oder Steakgewürz
4–5 große Äpfel (Boskop)
400 ml Sahne
2 EL Tomatenketschup
4 TL Currypulver
250 g Käse, gerieben

Das Schweinefilet in Scheiben schneiden. Butterschmalz in einer Pfanne erhitzen und die Fleischscheiben darin portionsweise kräftig anbraten. Mit Salz und Pfeffer würzen. Den Backofen auf 200 Grad vorheizen.

Die Äpfel schälen und das Kerngehäuse ausstechen. Dann in Scheiben schneiden, so dass Apfelringe entstehen. Eine feuerfeste Form einfetten. Zuerst eine Lage Apfelringe hineingeben, dann eine Schicht Fleisch. Diesen Vorgang noch mehrmals wiederholen. Mit einer Lage Apfelringen abschließen.

Sahne, Ketschup, Curry und etwas Salz verrühren und über den Auflauf gießen. Mit Käse bestreuen und im heißen Ofen 25–35 Minuten backen.

Tipp
Dazu schmecken sehr gut Reis und ein knackiger Salat.

Käselende

Für 4 Personen:
100 g Emmentaler
1 Schweinelende
Salz und Pfeffer
etwas Paprikapulver
etwas Oregano
etwas Thymian
Fett zum Braten
250 ml Fleischbrühe
150 g Crème fraîche
1 Päckchen helle Instantsoße
Röstzwiebeln zum Bestreuen

Den Käse in 2 cm lange und 1/2 cm breite Stifte schneiden und die Lende damit spicken. Anschließend mit Salz und Pfeffer, Paprika und Kräutern kräftig würzen.

Das Fleisch etwa 10 Minuten im heißen Fett anbraten. Dann die Brühe angießen, die Crème fraîche einrühren und etwa 30 Minuten köcheln lassen. Dabei mehrmals etwas Wasser nachgießen. Die Lende herausnehmen und warm stellen. Zuletzt die helle Soße nach Packungsanleitung zubereiten und den Bratfond damit abschmecken. Die Soße mit Röstzwiebeln bestreuen und zur Käselende servieren.

Schweinelende in Blätterteig mit feiner Füllung

Die Lende ... t Salz, Pfeffer und Paprika rundum ... ßen Fett von allen Seiten gut anbra... ... kühlen lassen.

Für die Farce Speck und Zwiebeln in einer Pf... ... anbraten, danach die Pilze zugeben ... raten. Sobald die Pilze Flüssig- ... Pfanne vom Herd nehmen. Die ... en, die Masse dann mit einer ... ne heben. Dabei Fett und Flüssigke... ...ssen. Die Zwiebel-Pilz-Mischung ... n lassen und anschließend mit dem Brat- ... rmengen.

... zu einer Platte auslegen. Diese ... te ... n, dass sich die Lende von allen Seiten ... rollen lässt. Die Teigränder mit Ei bestreichen. Nun die Farce auf die Teigplatte streichen, dabei einen 2 cm breiten Rand freilassen. Die Lende in die Mitte legen und alles sauber zu einer gleichmäßigen Rolle aufrollen. Die Ränder festdrücken. Die übereinander geschlagenen Stellen sollten auf der Unterseite liegen. In die Mitte der Oberseite ein kleines Loch stechen, damit Dampf entweichen kann. Die Lende zum Schluss mit Teigsternen oder -monden verzieren und mit Ei bestreichen. Im Backofen bei 180 Grad etwa 45 Minuten garen.

Tipp
Servieren Sie zur Lende eine Rahm- oder Pilzsoße.

1 Schweinelende à 500–600 g
Salz und Pfeffer
etwas Paprikapulver
1 EL Fett oder Öl zum Braten
1 Packung Tiefkühl-Blätterteig
1 Ei, verquirlt

Für die Farce:
50 g Schinkenspeck, gewürfelt
1 EL Zwiebel, fein gewürfelt
2–3 Champignons oder Egerlinge, gewürfelt
1 Bund frisch gehackte Petersilie
200 g Bratwurstgehäck

Schweinelende mit Kloßteighaube

Für 1 Blech:
1 kg Schweinelende
1 kg Champignons, blättrig geschnitten
2 Packungen Kloßteig à 750 g
300 g Frischkäsezubereitung »feines Duo« (von Bressso)
300 g Crème fraîche (Knoblauch)
150 g Crème fraîche (natur)
Salz und Pfeffer

»Also vodder Frau Hilmer ihrer Schwächerin die Nachbarin vo deä ihrer Schwesdder im Brouder sai Frau hodd an Kusäng, dämm hodd däss aa gschmeggd.« Frau Breller

Die Lende in Ihrem Fleischer-Fachgeschäft zu Schmetterlingsscheiben schneiden lassen.

Die Champignons gleichmäßig auf einem Backblech verteilen. Die Fleischscheiben salzen, pfeffern und auf die Pilze legen. Kloßteig, Bresso und Knoblauch-Crème-fraîche zu einer glatten Masse vermischen und das Fleisch damit abdecken. Zum Schluss die Crème fraîche (natur) mit einem Pinsel auf den Kloßteig auftragen.

Die Lende bei 225 Grad (Ober- und Unterhitze) 55–60 Minuten backen.

Rindfleisch –
der helle Wahn

Weidefleisch-Rippli

Für 4 Personen:
1 1/2 kg Spare Ribs
1 Zwiebel
2 Gewürznelken
2 Lorbeerblätter
1 Lauchstange
50 g Sellerie
100 g Karotten
40 ml Curry-Ketschup
40 ml Barbecue-Ketschup
Salz und grob gemahlener Pfeffer

Die Spare Ribs vom Metzger in 4 Portionen teilen lassen. Die Zwiebel halbieren, mit Nelken und Lorbeer spicken. Das Gemüse putzen und in gleichmäßige Stücke schneiden. In einem ausreichend großen Topf Salzwasser zum Kochen bringen. Gespickte Zwiebel und Gemüse hineingeben. Die Rippli in das siedende Wasser legen und 45 Minuten kochen lassen. Dann herausnehmen und gleichmäßig mit beiden Ketschups bestreichen. Zuletzt mit Salz und Pfeffer bestreuen.

Den Backofen auf 230 Grad vorheizen. Die Rippli auf den Gitterrost legen und in den heißen Backofen schieben. Nach 10 Minuten die Temperatur auf 180 Grad reduzieren und die Rippli in weiteren 20 Minuten kross braten.

Tipp
Dazu gibt's pikante und scharfe Soßen.

Gekochte gepökelte Rinderbrust

Für 4 Personen:
1 kg gepökelte Rinderbrust
1 Bund Suppengrün, klein geschnitten
1 große Zwiebel, klein geschnitten
2 Lorbeerblätter
3 Gewürznelken

Für die Soße:
30 g Butter
30 g Mehl
500 ml Milch
2 Eigelb
Saft von 1 Zitrone
Salz und Pfeffer
4 EL geriebener Meerrettich

Die Rinderbrust zusammen mit Suppengrün, Zwiebel und Gewürzen in kochendes Wasser geben und etwa 2 Stunden köcheln lassen.

Für die Soße aus Butter, Mehl und Milch eine helle Mehlschwitze bereiten. Mit Eigelb legieren und mit Zitronensaft, Salz, Pfeffer und Meerrettich abschmecken.

Das Fleisch aus der Brühe nehmen, in Scheiben schneiden und auf einer vorgewärmten Platte anrichten. Die Soße getrennt dazu reichen.

Tipp
Dazu schmecken Salzkartoffeln.

Bayerisches Bierfleisch

Für 4 Personen:
800 g mageres Rindfleisch
2 Zwiebeln
2 Knoblauchzehen
2 große Karotten
1 Lauchstange
1/2 Sellerieknolle
2 EL Butterschmalz
1 EL Mehl
1 TL getrockneter Thymian
1 Prise getrockneter Liebstöckel
1 TL Kümmelpulver
Salz
Zucker
1 EL Weinessig
500 ml dunkles Bier
4 mehlig kochende Kartoffeln
schwarzer Pfeffer aus der Mühle

Das Fleisch in große Würfel schneiden. Zwiebeln und Knoblauchzehen abziehen und hacken. Das Gemüse putzen, dann Karotten und Lauch in große Stücke schneiden, den Sellerie klein würfeln. Den Backofen auf 175 Grad vorheizen.

1 Esslöffel Butterschmalz in einem Schmortopf schmelzen und das Fleisch darin portionsweise scharf anbraten, herausnehmen. Restliches Schmalz in den Topf geben und Zwiebeln und Knoblauch darin andünsten, mit Mehl bestäuben. Dann angebratenes Fleisch, Kräuter und Kümmel hineingeben. Mit je einer Prise Salz und Zucker würzen, den Weinessig zufügen und mit Bier aufgießen. Den Eintopf aufkochen lassen, den Deckel auflegen und alles im heißen Ofen auf der unteren Schiene 1 1/2 Stunden schmoren lassen.

Inzwischen die Kartoffeln schälen und vierteln. Das Bierfleisch nach Ende der Garzeit aus dem Ofen nehmen, die Kartoffeln untermischen und die Soße mit Salz und Zucker abschmecken sowie kräftig mit Pfeffer würzen. Den Topf wieder abdecken, in den heißen Backofen stellen und alles weitere 30 Minuten schmoren lassen. Danach sollten Fleisch und Kartoffeln gar sein.

Ungarisches Gulasch

Für 5 Personen:
60 ml Öl zum Braten
1 Zwiebel, fein gehackt
1–2 Knoblauchzehen, zerdrückt
1 kg Rindfleisch (Wade, Hals, Schulter, Hüfte), gewürfelt
Salz und Pfeffer
1–2 TL Paprikapulver edelsüß
1/2 TL Kümmelpulver
1 Prise abgeriebene Zitronenschale
50 g Tomatenmark
2–3 TL Mehl
400 ml brauner Grundfond
125 ml Rotwein

Das Öl in einem Topf erhitzen. Zwiebel und Knoblauch darin glasig dünsten. Anschließend das Fleisch hineingeben, sofort mit Salz, Pfeffer, Paprika und Kümmel würzen. Zitronenschale zugeben und alles kurz schmoren lassen. Dann das Tomatenmark unterrühren und kurz mitdünsten. Mit Mehl bestäuben und leicht anschwitzen. Den Topf von der Kochstelle nehmen und Fond sowie Rotwein angießen. Unter ständigem Rühren zum Kochen bringen, so dass sich keine Klümpchen bilden und die Soße leicht sämig wird. Den Deckel auflegen und das Fleisch im Backofen bei 140 Grad (Umluft) 1–1 1/2 Stunden schmoren lassen.

Das fertige Gulasch aus dem Ofen nehmen und weitere 10–15 Minuten bei 75 Grad ruhen lassen. So wird es zart und saftig.

Tipp
Möchten Sie ein schärferes Gulasch, geben Sie etwas Cayennepfeffer hinzu und runden Sie es mit Ahornsirup ab. Auch Majoran passt gut zu diesem Gericht. Kochen Sie ihn in einem Säckchen mit, dann gibt's im fertigen Gulasch keine schwarzen Pünktchen.

Das Schmoren im Backofen verhindert ein Anbrennen. Außerdem bleibt das Fleisch schön, da sich keine Fasern lösen.

Richten Sie das Ungarische Gulasch mit blanchiertem Gemüse der Saison an und servieren Sie dazu Servietten- oder Semmelknödel.

Wurstpfanne

»Is is hald ermol woss anders wäih dou däi idalienische Bassda-Woar, gell?« Frau Breller

2 Eier
250 g Bandnudeln
2 Paar Rinderknackwürste
1 Zwiebel, fein gehackt
10 g Butter
500 g passierte Tomaten
4 Basilikumblätter, streifig geschnitten
Salz und Pfeffer
frisch geriebene Muskatnuss

Die Eier hart kochen, abkühlen lassen und fein würfeln. Die Nudeln in Salzwasser bissfest kochen, abgießen und kalt abschrecken. Die Knackwürste längs halbieren und in fingerdicke Stücke schneiden.

Die Butter in einer großen Pfanne erhitzen und die Zwiebeln darin glasig dünsten. Die Wurststücke hineingeben und mit den passierten Tomaten auffüllen. Aufkochen lassen. Die Bandnudeln zufügen und unter häufigem Umrühren erwärmen. Zum Schluss Eiwürfel und Basilikum unterheben. Mit Salz, Pfeffer und Muskat abschmecken.

Tipp
Servieren Sie als Beilage frischen Salat.

Rindfleisch in Schnittlauchsoße

Für 4 Personen:
1 kg Rindfleisch zum Kochen (Tafelspitz, Dicke Schulter)
1 1/2 l Wasser
Salz
5 Pfefferkörner
1 Bund Suppengrün
1 Zwiebel
1 Lorbeerblatt
2 Gewürznelken
1 Zweig Thymian

Für die Schnittlauchsoße:
1 Limette oder unbehandelte Zitrone
1 Töpfchen Zitronenmelisse
375 ml Sahne
8 weiße Pfefferkörner
200 ml Brühe vom Rindfleisch
5 Scheiben Toastbrot
2 Bund Schnittlauch
1 Bund glatte Petersilie
1 EL Sahnemeerrettich
Salz

Das Fleisch kalt abspülen, in das kochende Wasser einlegen und salzen. Bei geringer Hitze 1 Stunde köcheln lassen.

Inzwischen das Suppengrün putzen und waschen. Die Zwiebel abziehen und mit Lorbeerblatt sowie Nelken spicken. Suppengrün, gespickte Zwiebel und Thymian zum Fleisch geben. Alles bei geringer Hitze 1–1 1/2 Stunden weitergaren. Das Fleisch danach herausheben, abtropfen lassen und abgedeckt warm stellen. Die Brühe aufbewahren.

Für die Schnittlauchsoße die Limette waschen und trockenreiben. Die Schale mit einem Zestenreißer abziehen oder dünn abschälen und in feine Streifen schneiden. Die Zitronenmelisse waschen, trockentupfen und die Blättchen abzupfen. Sahne, Limettenschale, Pfefferkörner sowie die Hälfte der Zitronenmelisse aufkochen. Vom Herd nehmen und 10 Minuten ziehen lassen. Die Brühe in einem Topf erhitzen. Die Toastscheiben entrinden, würfeln und zufügen. Die Limettensahne durch ein feines Sieb zugießen, dann alles aufkochen. Den Schnittlauch waschen, trockentupfen und in feine Röllchen schneiden. Die Petersilie waschen, abzupfen, mit der restlichen Zitronenmelisse mischen und fein hacken. Die Kräuter zugeben und alles mit einem Stabmixer pürieren. Die Soße zuletzt mit Sahnemeerrettich und Salz abschmecken.

Das Rindfleisch zum Servieren aufschneiden und mit der Schnittlauchsoße anrichten. Nach Wunsch mit frischen Kräutern und Limettenscheiben garnieren.

Fränkischer Kärnersbraten

Für 4 Personen:
1 1/2 kg Rinderbrust
Salz und Pfeffer
30 g Fett
1 Zwiebel, gehackt
etwas Fleischbrühe
1 EL Speisestärke

Für die Farce:
3 Zwiebeln, gehackt
30 g Butter
3 Brötchen, gewürfelt
150 g Bratwurstgehäck
2 Eier
1/2 Bund frisch gehackte Petersilie
Salz und Pfeffer
1 Prise frisch geriebene Muskatnuss
etwas Majoran

In das Fleisch zum Füllen eine Tasche schneiden, dann innen und außen mit Salz und Pfeffer einreiben.

Für die Farce die Zwiebeln in Butter andünsten und die Brötchenwürfel kurz mitrösten. Bratwurstgehäck, Eier, Petersilie und Gewürze unterrühren und abschmecken. Die Rinderbrust damit füllen und zunähen.

Das Fleisch jetzt im heißen Fett anbraten. Die Zwiebel zugeben und etwas Brühe angießen. Im Backofen bei 200 Grad etwa 2 1/2 Stunden garen. Den Braten dann herausnehmen, die Soße binden und abschmecken. Den Kärnersbraten in Scheiben schneiden und servieren, die Soße getrennt dazu reichen.

Tipp
Dazu passen gut breite Nudeln und Blaukraut.

Marinierter Schmorbraten

Für 4 Personen:
1 kg Rinderbraten
100 g Speck
1/2 TL schwarzer Pfeffer, grob zerstoßen
1 Lorbeerblatt
1 Prise frisch geriebene Muskatnuss
1/2 TL Thymian
500 ml trockener Rotwein
20 ml Cognac
1 Zwiebel
2 Karotten
100 g Sellerie
1 TL Salz
4 EL Öl
1 EL Speisestärke
1 EL Tomatenmark

Das Fleisch waschen und trockentupfen, den Speck würfeln. Fleisch, Speck, Gewürze, Wein und Cognac in eine Schüssel geben. Das Gemüse waschen, putzen, würfeln und ebenfalls zum Fleisch geben. Die Schüssel abdecken und alles 8 Stunden marinieren lassen.

Den Backofen auf 150 Grad vorheizen. Das Fleisch mit dem Gemüse durch ein Sieb abgießen, dabei die Marinade auffangen. Das Fleisch salzen. In einem Bräter das Öl erhitzen und das Fleisch schnell darin anbraten. Die Marinade angießen, den Deckel auflegen und den Braten 2 Stunden im Backofen schmoren lassen. Dabei mehrmals wenden.

Den Braten herausnehmen, Soße durchpassieren und mit der in etwas Wasser angerührten Speisestärke binden. Zuletzt mit Tomatenmark abschmecken und zum Fleisch servieren.

Rouladen

Für 4 Personen:
4 Rouladen
Salz und Pfeffer
4 TL Senf
8 Scheiben durchwachsener Speck (oder geräuchertes Bündle)
1 große Zwiebel, in Ringen
2 Gewürzgurken, in Streifen
Fett zum Braten
1 EL Speisestärke

Die Rouladen von einer Seite salzen und pfeffern. Dann mit Senf bestreichen und mit Speck belegen. Als Nächstes mit Zwiebelringen und Gurken bestreuen. Die Rouladen aufrollen und feststecken.

Das Fett in einem Bräter erhitzen und die Rouladen rundum darin anbraten. Den Deckel auflegen und im Backofen bei 200 Grad etwa 2 Stunden braten lassen. Dabei bei Bedarf etwas Wasser angießen. Die fertigen Rouladen herausnehmen und warm stellen. Die Soße mit der in etwas Wasser angerührten Speisestärke binden und zu den Rouladen servieren.

Tipp
Als Beilagen empfehlen wir Klöße oder Spätzle und Salat.

Lende »1001 Nacht«

Für 4 Personen:
500 g gut abgehangenes Rindfleisch (Hüfte, Roastbeef, Filet)
Salz und grob gemahlener Pfeffer
2 EL Butterschmalz
1 Zwiebel, gewürfelt
3 Knoblauchzehen, zerdrückt
1 Bund Schalotten, in Ringen
750 g Champignons, blättrig geschnitten
20 ml Weinbrand
2 TL scharfer oder mittelscharfer Senf
300 g Crème fraîche
1–2 TL Kreuzkümmel
1–2 TL Tandoori-Paste
1–2 TL Garam-Masala
1–2 TL Sambal Oelek

Das Fleisch mit Salz und Pfeffer würzen. Im heißen Butterschmalz von allen Seiten kräftig anbraten, dann in Alufolie wickeln und beiseite stellen.

Zwiebel, Knoblauch, Schalotten und Champignons im Bratfond anschwitzen. Mit Weinbrand ablöschen. Senf und Crème fraîche einrühren und zuletzt mit Kreuzkümmel, Tandoori-Paste, Garam-Masala und Sambal Oelek würzen.

Das Fleisch in 1–2 cm dicke Scheiben schneiden und 2–3 Minuten in der Soße ziehen lassen.

Tipp
Servieren Sie dazu Basmati- oder Thailand-Duftreis.

Rindfleischspieße mit Schafskäsesoße

»Däss hodder Bolier zum Richdfessd gmachd. Hodd alle gschmeggd!« Lehrbub

Für 4 Personen:
500 g Rindfleisch (Keule oder Bug)
1 TL Kräuter der Provence
Salz
1/2 TL Paprikaflocken
2 TL Öl
2 kleine Zucchini
100 g Bündle, in Scheiben
8 Schalotten
grob gemahlener Pfeffer

Für die Schafskäsesoße:
200 g Schafkäse
500 g Naturjogurt
Saft von 1 Zitrone
Salz

Das Fleisch in 2–3 cm große Würfel schneiden. Mit Kräutern, Salz, Paprikaflocken und 1 Teelöffel Öl vermischen. Die Zucchini in gleich große Stücke schneiden und jeweils in ein Stück Bündle wickeln. Die Schalotten überbrühen, 2 Minuten stehen lassen und abziehen. Fleischwürfel, umwickelte Zucchini und Schalotten abwechselnd auf Spieße stecken. Die Spieße mit dem restlichen Öl bestreichen und unter dem vorgeheizten Backofengrill von jeder Seite etwa 3 Minuten grillen (oder in der gefetteten Grillpfanne bei mittlerer Hitze braten). Zuletzt mit Pfeffer bestreuen.

Für die Soße den Schafskäse zerkrümeln und zusammen mit Jogurt und Zitronensaft pürieren. Mit Salz abschmecken und zu den Spießen servieren.

Tipp
Dazu gibt's Fladenbrot, Oliven und eingelegte Peperoni.

Rinderfiletspitzen auf Salat

1 kleiner Radicchio
100 g Feldsalat
150 g Champignons
1 rote Zwiebel
250 g Filetstreifen vom Rind
Butterschmalz zum Braten
Salz und Pfeffer

Für die Vinaigrette:
4 EL Essig
6 EL Öl
1 Prise Zucker
Salz und Pfeffer

Radicchio und Feldsalat putzen, waschen und in mundgerechte Stücke teilen. Champignons putzen und blättrig schneiden. Die Zwiebel schälen und in feine Scheiben schneiden. Salat, Pilze und Zwiebel auf Tellern anrichten. Aus den angebenen Zutaten eine Vinaigrette bereiten.

Die Filetstreifen im heißen Butterschmalz 5–6 Minuten von allen Seiten anbraten, dann mit Salz und Pfeffer würzen. Die heißen Filetspitzen auf den Salat geben, mit Vinaigrette überziehen und sofort servieren.

Tipp
Dazu passt Stangenweißbrot.

Kalbsvögel

Für 4 Personen:
4 Kalbsschnitzel
4 Scheiben Schinkenspeck
150 g Kalbsbrät
3 EL Sahne
1 Eigelb
1 Knoblauchzehe, zerdrückt
abgeriebene Schale von 1 Zitrone
etwas Thymian
Butterschmalz zum Braten
125 ml Fleischbrühe
125 ml Weißwein (Silvaner)
3 EL Sauerrahm
Salz und Pfeffer

Die Schnitzel mit Schinkenspeck belegen.

Kalbsbrät, Sahne, Eigelb, Knoblauch, Zitronenschale und Thymian mischen und abschmecken. Diese Masse auf dem Schinkenspeck verstreichen. Die Schnitzel aufrollen und feststecken.

Das Butterschmalz in einer Pfanne erhitzen und die Röllchen darin anbraten. Brühe und Wein angießen und 10 Minuten schmoren lassen. Die Soße zum Schluss mit Sauerrahm verfeinern und mit Salz und Pfeffer abschmecken.

Kalbshaxe auf italienische Art

Das Fleisch kalt abspülen und trockentupfen. Die Haut jeweils in 2 cm Abstand einschneiden, damit sich das Fleisch beim Braten nicht wölbt. Zwiebeln und Knoblauch abziehen und fein würfeln. Karotten und Sellerie waschen, putzen und ebenfalls würfeln. Die Tomaten häuten und grob würfeln.

Die Kalbshaxen gut mit Salz und Pfeffer würzen, in Mehl wenden, leicht abklopfen und im heißen Öl von jeder Seite anbraten. Dann herausnehmen. Die Butter im Bratfett schmelzen, Zwiebeln, Knoblauch, Karotten und Sellerie zufügen und unter Rühren leicht anrösten. Mit Wein ablöschen und zur Hälfte einkochen lassen. Tomaten, Fond, Basilikum, Thymian und Lorbeer zugeben. Fleischscheiben darauf legen. Die Petersilie waschen, zusammenbinden und zufügen. Dann abdecken und etwa 1 1/2 Stunden schmoren lassen.

Zuletzt die Zitrone waschen, trocknen und die Schale abreiben. Die Kräuter waschen, abzupfen und hacken. Den Knoblauch durch die Presse drücken. Alles mischen und das Fleisch vor dem Servieren damit bestreuen.

Für 4 Personen:
2 kg Kalbshaxen, in 5 cm dicken Scheiben
200 g Zwiebeln
100 g Karotten
100 g Selleriestange
375 g Tomaten
Salz und Pfeffer
2 EL Mehl
4 EL Öl
20 g Butter
125 ml trockener Weißwein
200 ml Kalbsfond (Glas)
1/2 TL getrocknetes Basilikum
1 TL Thymianblättchen
2 Lorbeerblätter
1 Bund glatte Petersilie

Zum Servieren:
1 unbehandelte Zitrone
1 kleiner Bund Petersilie
1 Topf Basilikum
2–3 Knoblauchzehen

Kalbsragout Marengo

»Also auf der Modegala in Florenz, da hat das der Joopi ('s Joopele) noch mit 'n gebeizten Lachmöwen-Püree abgeschmeckt. Muss aber nicht sein …«
Frau Düboo

Für 4 Personen:
750 g Kalbfleisch (Schulter, Haxe)
5 EL Öl
1 Zwiebel, fein gehackt
4 Tomaten, abgezogen und zerkleinert
250 g kleine Champignons
1 EL Mehl
200 ml trockener Weißwein
300 ml Fleischbrühe
Salz und Pfeffer
1 Knoblauchzehe

Das Fleisch kalt abspülen, trockentupfen und in 5 cm große Würfel schneiden.

Das Öl in einem Schmortopf erhitzen und die Fleischwürfel darin goldgelb anbraten. Die Zwiebel zugeben und glasig dünsten. Tomaten und Pilze zufügen und alles unter ständigem Rühren anschmoren. Mit Mehl bestäuben und mit Wein ablöschen. Mit Salz und Pfeffer würzen und den Knoblauch hineingeben. Bei Bedarf noch etwas Fleischbrühe angießen. Den Topf abdecken und das Ragout bei kleiner Hitze etwa 1 1/2 Stunden garen.

Buddlesba & Co.

Hähnchenbrust mit Mozzarella-Füllung

320 g Hähnchenbrust ohne Haut
Salz und Pfeffer
125 g Mozzarella, in Scheiben
1 kleiner Bund Basilikum, abgezupft
1 kleines Schweinenetz
1 EL Sesamkörner
1/2 TL Butterschmalz
250 g Wurzelgemüse (Lauch, Sellerieknolle, Karotten), klein gewürfelt
250 ml Bratensaft
125 ml Gemüsebrühe

Für die Nudelnester:
120 g schmale Eierbandnudeln
2 Tomaten
1 TL Butter
40 g Emmentaler, gerieben

Die Hähnchenbrust kalt abspülen und trockentupfen. Der Länge nach eine Tasche hineinschneiden und mit Salz und Pfeffer würzen. Dann mit Mozzarella und Basilikum füllen. Das Schweinenetz flach ausbreiten, die Hähnchenbrust darauf legen, mit Sesam bestreuen und einwickeln. Den Backofen auf 180 Grad vorheizen.

Das Butterschmalz in einer Pfanne erhitzen und das Fleisch darin von allen Seiten anbraten. Das Gemüse zugeben und mit anbraten. Salzen, pfeffern und mit Bratensaft und Gemüsebrühe aufgießen. Im heißen Ofen 25–35 Minuten garen. Dabei mehrmals wenden und mit Bratenfond übergießen.

In der Zwischenzeit die Nudeln in Salzwasser bissfest garen. Die Tomaten überbrühen, häuten, vierteln, entkernen und in feine Würfel schneiden. Die Nudeln in ein Sieb abgießen. Eine Auflaufform einfetten, die Nudeln mit einer Gabel zu Nestern formen und hineinsetzen. Salzen, pfeffern und mit Tomatenwürfeln sowie Käse bestreuen. Die Nudelnester mit in den Ofen schieben und etwa 5 Minuten überbacken.

Die fertige Hähnchenbrust aus dem Ofen nehmen, in Scheiben schneiden und mit den Nudelnestern anrichten. Die Soße nochmals abschmecken und um das Fleisch herumgießen.

Hähnchenkeulen à l'orange mit Gemüsereis

»Da steppt die Seekuh, da bohnert der Lurch! Ein Supi Ding für die schlanke Taille!« Frau Düboo

Für 4 Personen:
4 Hähnchenkeulen
Salz und Pfeffer
1 Prise Paprikapulver
1 TL Fett zum Braten
2 unbehandelte Orangen
200 g parboiled Reis
400 ml Gemüsebrühe
600 g Karotten, geraspelt
1 Bund frisch gehackte Petersilie

Die Keulen waschen, trockentupfen und sichtbares Fett entfernen. Salz, Pfeffer und Paprika mischen und die Keulen damit einreiben. Das Fett in einer Pfanne erhitzen und die Keulen darin von allen Seiten anbraten. Die Schale einer Orange abreiben, den Saft auspressen. Schale und Saft zum Fleisch geben. Die Keulen anschließend 20–40 Minuten garen, dabei einmal wenden.

Die zweite Orange gründlich schälen und die Filets heraustrennen. Dabei den Saft auffangen.

Für den Gemüsereis den Reis in einem Topf anwärmen und mit Gemüsebrühe ablöschen. Bei mittlerer Hitze etwa 20 Minuten quellen lassen. Nach der Hälfte der Garzeit die Karotten unterheben. Den fertigen Reis zuletzt mit dem aufgefangenen Orangensaft und der Petersilie mischen.

Die Orangenfilets zu den Hähnchenkeulen geben und mit dem Gemüsereis servieren.

Gefüllte Poularde

Für 4–6 Personen:
1 Poularde à 1 1/2 kg
200 g Karotten
150 g weiße Rüben
100 g Lauch
1 Zwiebel
500 g Rinderrippchen
1 Markknochen
Salz und Pfeffer
Hühnerbrühe oder Wasser

Für die Farce:
350 g milder roher Schinken
200 g Kalbsschnitzel
1 Bund frisch gehackte Petersilie
1–2 Knoblauchzehen, zerdrückt
1 Ei
Salz und Pfeffer

Die Poularde innen und außen waschen und trockentupfen. Das Gemüse putzen und in grobe Stücke teilen.

Für die Farce Schinken und Kalbfleisch einmal durch den Fleischwolf (grobe Scheibe) drehen. Mit Petersilie, Knoblauch und Ei vermischen. Mit Salz und Pfeffer würzen. Die Füllung in das Huhn geben und die Öffnung verschließen.

Rippchen, Markknochen und Gemüse in einem Schmortopf verteilen. Die Poularde darauf setzen und so viel Brühe angießen, bis das Gemüse bedeckt ist. Salzen, den Deckel auflegen und langsam aufkochen. Dann 2–3 Stunden bei kleiner Hitze schmoren lassen. Dabei mehrmals mit Fond übergießen.

Die fertige Poularde in Portionsstücke teilen und mit der Farce anrichten. Das Gemüse mit Pfeffer würzen, mit etwas Fond übergießen und dazureichen.

Huhn mit 40 Knoblauchzehen

»Keine Sorge – 40 Zehen sind eher noch wenig. Häufig verwende ich 50 und mehr. Der Knoblauch schmeckt gar nicht so sehr vor, wie man vermuten mag ...« Bernd Regenauer

1 Brathuhn, zerteilt
40 frische Knoblauchzehen mit Schale
1 unbehandelte Zitrone
100 ml tockener Weißwein
60 ml trockener Wermut
4 EL Olivenöl
2 Selleriestangen, in 2 cm lange Stücke geschnitten
1 TL getrockneter Oregano
2 EL Basilikumblätter, gehackt
1 Bund Petersilie (nur die Blätter), gehackt
1 Prise Cayennepfeffer
Salz und Pfeffer

Die Hühnerteile mit der Hautseite nach oben in einen flachen, gefetteten Bräter legen. Die Knoblauchzehen darüber streuen. Die Zitrone dünn abschälen, dann den Saft auspressen. Zitronensaft, Wein, Wermut, Öl, Kräuter, Gewürze und Salz verrühren und das Huhn damit beträufeln. Zuletzt die Zitronenschale in Streifen schneiden und auf das Fleisch streuen.

Den Bräter mit Alufolie abdecken und alles im Backofen bei 175 Grad 40 Minuten backen. Die Folie entfernen und das Gericht weitere 15 Minuten bei starker Hitze bräunen.

Tipp
Dazu gibt's Rosmarinkartoffeln oder Baguette. Die Knoblauchzehen bei Tisch aus der Schale drücken und zum Huhn genießen.

Hähnchen mit Honig-Marinade

1 Freiland-Hähnchen
2 Zwiebeln, geviertelt
Salz und Pfeffer
100 ml heißes
Wasser (bei Bedarf)

Für die Marinade:
2 Orangen
1 Zitrone
50 g Butter
5 EL flüssiger Honig
1 TL Koriander
1 TL Kreuzkümmel
1 TL schwarze
Pfefferkörner
je 1 Msp. Paprika-,
Kreuzkümmel-,
Gewürznelken-, Zimt-
und Kurkumapulver
1 Kräutersträußchen
(Petersilie, Rosmarin,
Orangenschale)

Für die Marinade die Zitrusfrüchte auspressen. (Dabei ein Stück Orangenschale dünn abschälen und für das Kräutersträußchen verwenden.) Die Butter in einem Pfännchen schmelzen, den Honig zufügen. Vom Herd nehmen und Zitrussaft und Gewürze einrühren. Auskühlen lassen. Den Backofen auf 225 Grad vorheizen.

Das Hähnchen gründlich abspülen und trockentupfen. Die Zwiebeln in die Bauchhöhle schieben. Dann salzen und pfeffern und mit dem Kräutersträußchen in eine ofenfeste Form legen. Mit 2–3 Esslöffeln Marinade übergießen. Im heißen Ofen (mittlere Schiene) 15 Minuten braten. Die Temperatur dann auf 200 Grad reduzieren. Die Hälfte der Marinade über das Hähnchen gießen und weitere 15 Minuten braten. Dann die restliche Marinade darüber verteilen und nochmals 15 Minuten garen. Wenn das Fleisch zu dunkel wird, die Temperatur auf 190 Grad reduzieren. Falls die Marinade zu sehr eingekocht ist, Wasser angießen. Das Hähnchen zweimal mit Bratfond bepinseln und weitere 10–20 Minuten braten. Heiß servieren.

Mostgockel

Den Hahn waschen, trockentupfen und in vier Stücke teilen. Die Zutaten für die Marinade in einer Schüssel mischen, das Fleisch hineinlegen und über Nacht abgedeckt an einem kühlen Ort durchziehen lassen.

In einer Pfanne die Speckwürfel in der heißen Butter kross ausbraten, die Zwiebeln zugeben und goldgelb rösten, dann beides herausnehmen und beiseite stellen.

Das Geflügel aus der Marinade nehmen, trockentupfen und im restlichen Speckfett mit etwas Butterschmalz von allen Seiten anbraten, herausnehmen. Den Knoblauch durch die Presse in die Pfanne drücken. Mit Mehl bestäuben und Wein und Brühe angießen. Alles sämig einkochen lassen und mit Salz und Pfeffer abschmecken.

Das Fleisch in einen Topf legen, die Soße angießen, Kräutersträußchen, Speck- und Zwiebelwürfel zufügen und die durchgesiebte Marinade darüber gießen. Den Gockel dann im heißen Backofen bei 180 Grad 40–50 Minuten schmoren lassen, dabei gelegentlich mit Wasser bepinseln. Nach Ende der Garzeit das Kräutersträußchen herausnehmen und die Soße mit Weinessig abschmecken.

Tipp
Zum Mostgockel passen Petersilienkartoffeln und Salat.

Für 4 Personen:
1 Hahn, küchenfertig
125 g Schinkenspeck, gewürfelt
1 EL Butter
2 Zwiebeln, gewürfelt
etwas Butterschmalz
1 Knoblauchzehe
2 EL Mehl
100 ml Weißwein
250 ml Fleischbrühe
Salz und Pfeffer
1 Kräutersträußchen (Petersilie, Lorbeer, Thymian)
2 Tassen Wasser
1 EL Weinessig

Für die Marinade:
500 ml Apfelmost oder Weißwein
250 ml Wasser
2 EL Weinessig
3 EL Öl
1 TL Thymian
1 Lorbeerblatt
2 TL Petersilie, gehackt
Salz und Pfeffer
1 Zwiebel, geviertelt

Putenbrust in Milch

Für 4 Personen:
1 kg Putenbrust
2 Knoblauchzehen, zerdrückt
Salz und Pfeffer
50 g Butter
2 Salbeiblätter
1 Zweig Rosmarin
1 Zweig Thymian
1 EL Balsamico-Essig
20 ml Madeira
500 ml Vollmilch

Die Putenbrust waschen und trockentupfen. Knoblauch, Salz und Pfeffer mischen und das Fleisch damit einreiben. Den Backofen auf 160 Grad vorheizen.

Die Butter in einem Bräter erhitzen und das Fleisch darin von allen Seiten anbraten. Die Kräuter zufügen und ebenfalls kurz anbraten. Mit Essig und Madeira ablöschen und etwas einkochen lassen. Die Milch langsam unter Rühren angießen. Den Deckel auflegen und die Putenbrust im heißen Ofen (mittlere Schiene) 1 1/2 Stunden schmoren lassen. Dann herausnehmen, in Alufolie wickeln und ruhen lassen.

Den Bräter auf den Herd stellen und den Fond sämig einkochen. Zuletzt durch ein Sieb passieren. Die Putenbrust in Scheiben schneiden, mit Soße überziehen und servieren.

Putengeschnetzeltes chinesisch

Für 4 Personen:
500 g Putenschnitzel
2 EL Öl
1 Bund Frühlingszwiebeln, grob gehackt
200 g Tiefkühl-Erbsen
200 g Champignons, blättrig geschnitten
1 kleine Dose Ananasstücke
Salz und Pfeffer
1 Prise Currypulver
1 Glas Soßenzubereitung chinesisch süß-sauer
etwas Ketschup

Die Putenschnitzel in feine Streifen schneiden. Das Fleisch dann in einer Pfanne im heißen Öl scharf anbraten, mit Ananassaft ablöschen.

Nacheinander Frühlingszwiebeln, Erbsen, Pilze und Ananasstücke zugeben. Mit Salz, Pfeffer und Curry würzen. Zum Schluss die chinesische Soßenzubereitung unterrühren und das Putengeschnetzelte kurz aufkochen lassen. Mit Ketschup abschmecken.

Tipp
Dazu gehört natürlich Reis.

Putengeschnetzeltes nach Winzerart

»Dem Nüsterlitz vom Baureferat seine Frau hat das statt mit Trauben mal mit Rosinen zubereitet. Sie hat auch Rindfleisch verwendet und anstatt der Äpfel und Karotten hat sie Kohlrouladen mit Reis verwendet. Eigentlich war's ein ganz anderes Gericht. Aber da ist mir dann das da schon lieber …«
Herr Beifuß

Für 4 Personen:
400 g Putenfleisch
200 g helle Weintrauben
100 g Äpfel
100 g Karotten
50 g Zwiebeln
50 g Butter
200 g Crème fraîche
Salz und Pfeffer
1 Msp. Currypulver
1 Schuss trockener Weißwein

Das Putenfleisch in feine Streifen schneiden, die Trauben halbieren und entkernen. Äpfel, Karotten und Zwiebeln in kleine Würfel schneiden.

Die Butter in einer Pfanne erhitzen und das Fleisch darin anbraten. Alle anderen Zutaten zugeben und 5 Minuten anschwitzen. Mit Crème fraîche ablöschen, mit Salz, Pfeffer und Curry abschmecken. Zum Schluss noch mit Wein verfeinern.

Putenröllchen mit Lauch-Karotten

Für 4 Personen:
8–12 Putenschnitzel, dünn geschnitten
Salz und Pfeffer
Currypulver
2 Lauchstangen
3 größere Karotten
Kräutersalz oder Fondor
1 EL Butter zum Braten
etwas Wasser oder Brühe
1 Ecke Sahne- oder Kräuter-Schmelzkäse
2–3 EL Sahne
frische Kräuter nach Saison, fein gehackt
1 EL Speisestärke

Die Putenschnitzel mit Salz, Pfeffer und Curry würzen. Den Lauch waschen, die Karotten schälen. Dann beides in etwa 5 cm lange Stücke teilen und der Länge nach in schmale Stifte schneiden. Auf jedes Putenschnitzel ein kleines Bündelchen Lauch-Karotten-Stifte legen und mit etwas Kräutersalz bestreuen. Dann einrollen und mit Spießchen feststecken.

Die Röllchen in einem Bräter in heißer Butter von allen Seiten anbraten. Flüssigkeit angießen, Deckel auflegen und im Backofen bei 160 Grad etwa 1 Stunde garen.

Die Röllchen nach Ende der Garzeit herausnehmen. Den Schmelzkäse im Bratfond schmelzen, danach Sahne und Kräuter zugeben und glatt rühren. Die Soße zuletzt mit der in etwas Wasser angerührten Speisestärke binden.

Tipp
Dazu empfehlen wir grüne Nudeln oder Wildreis und Salat.

Gänsebraten

Für 4 Personen:
1 frische Bauerngans (4 kg), küchenfertig
3 Knoblauchzehen
2 EL Salz
1 TL Pfeffer
500 g Maronen, geschält
1 kg Zwiebeln, klein geschnitten
1/4 Sellerieknolle
1 1/2 l heißes Wasser
2 EL Sojasoße
1 Glas Geflügelfond (bei Bedarf)
etwas brauner Soßenbinder

Die Gans innen und außen kalt abspülen und gut trockentupfen. Die Knoblauchzehen zerteilen, dann mit Salz zerdrücken und die Gans innen und außen kräftig damit einreiben. Dann leicht von innen pfeffern. Anschließend mit den Maronen füllen, verschließen und in einen großen Bräter oder eine Bratpfanne mit hohem Rand legen. Innereien, Gänseklein, Zwiebeln und Sellerie um die Gans herum verteilen. Wasser und Sojasoße angießen. Die Gans im Backofen bei 150 Grad 4 Stunden braten. Währenddessen den Ofen nicht öffnen.

Die fertige Gans mit einer Geflügelschere in 8 Portionen teilen und im Backofen auf den Rost legen (mittlere Schiene). Innereien, Gänseklein und Maronen warm stellen und den Bratfond durch ein Sieb abgießen. Das Gänsefett mit einem kalten Schöpflöffel in einen Steinguttopf abschöpfen und kalt stellen. Danach die Soße aufkochen, bei Bedarf den Geflügelfond einrühren und mit Soßenbinder binden.

Soße in den Backofen unter das Fleisch stellen und die Temperatur auf 250 Grad (Umluft) erhöhen. In 15–20 Minuten schön braun werden lassen, dann sofort servieren. Gänseklein und Maronen getrennt anrichten.

Tipp
Dazu schmecken rohe Klöße, Bratäfel und Zimtblaukraut.

Fasan auf Sauerkraut

1 Fasan (800 g), küchenfertig
Salz und weißer Pfeffer
etwas getrockneter Thymian
6 Wacholderbeeren
70 g Butterschmalz
2 große dünne Speckscheiben
1 Tasse Weißwein
125 ml Sahne
2 EL Schmalz
500 g Weinkraut
2 Gewürznelken
1 Lorbeerblatt
1 kleine Dose Ananasstücke, abgetropft

Den Fasan kalt abspülen und trockentupfen, innen und außen mit Salz und Pfeffer bestreuen. Thymian und Wacholderbeeren im Mörser zerdrücken und den Fasan innen damit würzen. Den Fasan im heißen Butterschmalz von allen Seiten anbraten. Herausnehmen und mit den Speckscheiben umwickeln, diese mit Küchengarn befestigen. Den Backofen auf 150 Grad vorheizen.

Den Fasan in einen Bräter legen und im heißen Backofen 1 1/2 Stunden braten. Anschließend mit Weißwein ablöschen, herausnehmen und die Speckscheiben entfernen. Den Bratfond mit etwas kaltem Wasser loskochen und die Sahne einrühren.

Das Schmalz zerlassen. Weinkraut, Gewürznelken und Lorbeerblatt sowie Bratfond zugeben und bei kleiner Hitze 30 Minuten köcheln lassen. Zuletzt das Lorbeerblatt entfernen, die Ananasstücke zufügen und den Fasan auf das Weinkraut legen. Abdecken und nochmals 30 Minuten bei 180 Grad im Backofen garen.

Tipp
Servieren Sie als Beilage ein sahniges Kartoffelpüree.

Betzn, Gaas & Hoosn

Fränkisches Milchzicklein

Für 4 Personen:
1/4 Zicklein
(2–2 1/2 kg), zerteilt
1/2 Sellerieknolle, grob gewürfelt
2 Karotten, grob gewürfelt
2 Zwiebeln, grob gewürfelt
750 ml heißes Wasser
4 Knoblauchzehen
1 EL Salz
je 1 Msp. Thymian, Rosmarin und Pfeffer
4–6 dünne Speckscheiben
125 g Butter, zerlassen
4 trockene Brötchen, gerieben
250 ml Sahne
1 EL Mehl
1 EL Maggiwürze
250 ml trockener Weißwein

Das Fleisch waschen, trockentupfen und in einen Bräter legen. Sellerie, Karotten und Zwiebeln um das Fleisch verteilen und 500 ml Waser angießen. Die Knoblauchzehen zerteilen, dann mit Salz zerdrücken und das Zicklein von allen Seiten damit einreiben. Mit Thymian, Rosmarin und Pfeffer würzen und mit heißer Butter übergießen. Mit Speckscheiben belegen und im Backofen bei 150 Grad 2 Stunden braten. Währenddessen einmal wenden und mit Bratfond begießen.

Nach Beendigung der Garzeit das Fleisch dicht mit Semmelbröseln bestreuen, restliches Wasser angießen und nochmals 30 Minuten bei 200 Grad garen. Das Fleisch herausnehmen und warm stellen, den Bratfond durch ein Sieb in einen Topf abgießen. Zuletzt Sahne, Mehl, Maggiwürze und Weißwein mit dem Schneebesen verrühren, zur Soße geben und unter Rühren kurz aufkochen lassen. Die Soße zum Zicklein reichen.

Tipp
Servieren Sie dazu warmen Spargel, Karotten, Böhnchen und Kartoffelklöße.

Geißleinbraten

Für 4 Personen:
1 1/2 kg Zickleinfleisch, in großen Würfeln
Fett zum Ausbacken

Für den Backteig:
150 g Mehl
250 ml Bier
1 EL Distelöl
1 Prise Salz
2 Eiweiß

Für den Sud:
Salzwasser
1 Zwiebel, mit Gewürznelken gespickt
2 Karotten
1 Zitronenscheibe
1 Lauchstange

Mehl, Bier, Öl und Salz zu einem glatten Teig verrühren und 1 1/2 Stunden zum Quellen beiseite stellen.

Für den Sud alle Zutaten in einen Topf geben und 20 Minuten köcheln lassen. Die Fleischstücke hineinlegen und 15–20 Minuten ziehen lassen, dann herausnehmen und auf einem Sieb abtropfen lassen.

Das Eiweiß steif schlagen und unter den Backteig ziehen. Die noch warmen Fleischstücke in den Teig tauchen und im heißen Fett schwimmend goldgelb ausbacken.

Tipp
Als Beilage gibt's Kartoffelsalat und gemischte Salate nach Saison.

Lammnüsschen in Basilikum

Für 4 Personen:
8 Lammnüsschen
Salz und Pfeffer
2 Schalotten
125 ml Sherry
250 ml Fleischbrühe
2 Zweige Basilikum
70 g Butter
etwas Öl

Etwas Butter und Öl in einer Pfanne erhitzen und die Lammnüsschen darin von allen Seiten rosa anbraten. Herausnehmen, mit Salz und Pfeffer würzen und warm stellen.

Die Schalotten fein hacken und in etwas Butter dünsten, bis sie leicht gebräunt sind. Mit Sherry ablöschen und einkochen. Die Brühe angießen und ebenfalls einkochen lassen. Das Basilikum in Streifen schneiden und mit der restlichen Butter zur Soße geben. Zuletzt abschmecken und getrennt zum Fleisch reichen.

Tipp
Dazu schmecken Safranreis und Kopfsalat.

Gerollte Lammschulter mit Käse-Kräuter-Füllung

1 kg Lammschulter
Butterschmalz
Salz und Pfeffer

Für die Farce:
100 g Edelpilzkäse
1 Bund frisch gehackte Petersilie
frisch gemahlener Pfeffer
1 Knoblauchzehe, zerdrückt

Für die Soße:
20 ml Weinbrand
500 ml Fleischbrühe
100 ml Sahne
1 TL Speisestärke

Die Lammschulter ein Stück aufschneiden, aufklappen und flach klopfen.

Die Zutaten für die Farce vermischen und auf dem Fleisch verteilen. Aufrollen und mit Küchengarn umwickeln. Die Lammschulter rundum leicht salzen und pfeffern.

In einem Bräter das Butterschmalz erhitzen und die Lammschulter darin von allen Seiten scharf anbraten. Mit Wasser ablöschen und im Backofen bei 200 Grad etwa 1 1/2 Stunden braten. Dann herausnehmen und warm stellen.

Den Bratfond mit Weinbrand ablöschen. Fleischbrühe und Sahne zugeben und etwas einkochen lassen. Die Soße durch ein Sieb streichen und mit der in etwas Wasser angerührten Speisestärke binden.

Tipp
Servieren Sie dazu Sahnekartoffeln und nach Wunsch Spinat.

Lammkeule im Gemüsebett

1 Lammkeule (entbeint)
Öl zum Braten
Salz und Pfeffer
Majoran
500 g Kartoffeln
einige Salbeiblätter
500 g grüne Bohnen
etwas Brühe oder Wein
300 g Crème fraîche
2 EL Senf
125 ml Sahne
1 Glas Kapern, abgetropft
1 Bund Petersilie oder Schnittsellerie, gehackt

Die Lammkeule von allen Seiten in Öl anbraten. Mit Salz, Pfeffer und Majoran würzen, in einen Bräter legen und im Backofen etwa 2 Stunden garen.

In der Zwischenzeit die Kartoffeln schälen und in Viertel oder Achtel schneiden. Dann in Öl anbraten, salzen und die Salbeiblätter zufügen. Die Bohnen putzen und in Stücke brechen. Kartoffeln und Bohnen zum Fleisch geben, etwas Flüssigkeit angießen.

Crème fraîche, Senf und Sahne mischen. Zwei Drittel davon zur Lammkeule geben und weitere 30 Minuten braten lassen. Zum Schluss die restliche Senfsahne, Kapern sowie Petersilie unterrühren und nochmals 5–10 Minuten ziehen lassen.

Hirschsteaks in Mandelrahm

Für 4 Personen:
80 g Fett zum Braten
4 Hirschsteaks
4 Schalotten, gewürfelt
125 ml Fleischbrühe
125 ml Weißwein
4 EL gemahlene Mandeln
200 ml Sahne
Salz und Pfeffer

Das Fett in einer Pfanne erhitzen und die Hirschsteaks darin von beiden Seiten gut anbraten, dann herausnehmen und warm stellen. Die Schalotten ins Brattfett geben und glasig dünsten. Mit Fleischbrühe ablöschen und den Wein angießen. Mandeln und Sahne verrühren und die Soße damit binden. Zuletzt mit Salz und Pfeffer würzen.

Die Steaks wieder in die Soße legen und ziehen lassen. Dabei die Soße etwas reduzieren.

Tipp
Dazu gibt's breite Nudeln und Preiselbeeren.

Hirschsteaks in Pfifferlingsrahm

»Im Herbsd könners frische Bfiffer aa verwendn, fallz se si midd Bilz auskenner ...« Schorsch Boggnsagg

Für 4 Personen:
8 Hirschsteaks à 100 g
einige Wacholderbeeren
1 EL grüne Pfefferkörner
1 Tasse Olivenöl
Salz
2 EL Sojasoße
20 ml Weinbrand
1 Prise Zucker
Fett zum Braten

Außerdem:
2 EL Butter
1 Zwiebel, fein gehackt
1 Dose Pfifferlinge, abgetropft
250 ml Weißwein
200 ml Sahne
Salz und Pfeffer
1 Prise frisch geriebene Muskatnuss
2 EL Preiselbeeren
1 EL Speisestärke
1 Bund frisch gehackte Petersilie

Die Hirschsteaks mit Küchenpapier abtupfen und in eine Schüssel legen. Wacholderbeeren und Pfefferkörner mit dem Messerrücken oder in einem Mörser zerdrücken. Mit dem Öl verrühren, leicht salzen, mit Sojasoße, Weinbrand und Zucker würzen. Diese Marinade über das Fleisch verteilen und über Nacht abgedeckt im Kühlschrank ziehen lassen. Die Steaks anschließend in einer Pfanne je nach Geschmack medium oder durch braten, herausnehmen und warm stellen.

Im verbliebenen Bratfett die Butter erhitzen und die Zwiebel darin glasig dünsten. Die Pfifferlinge zugeben, mit Weißwein ablöschen und die Sahne angießen. Die Soße mit Salz, Pfeffer und Muskat abschmecken und mit Preiselbeeren verfeinern. Mit Speisestärke leicht binden. Die Steaks anrichten, mit Pfifferlingsrahm überziehen und mit Petersilie bestreut servieren.

Tipp
Dazu reicht man Kartoffelkroketten und gemischten Salat.

Rehgulasch

Für 4 Personen:
100 g geräucherter Speck, gewürfelt
500 g kleine Zwiebeln
2 Knoblauchzehen
100 g Butter
500 g frische Pilze oder 3 EL getrocknete
1 EL Sardellenpaste
1 kg Rehgulasch
1 Soßenlebkuchen
1 Pck. Wildgewürz, ins Tee-Ei gefüllt
1 Glas Rotwein
250 ml Sahne oder 200 g Sauerrahm (nach Geschmack)
1 EL Mehl
1 EL Maggiwürze
Saft von 1 Orange

Speck, Zwiebeln und Knoblauch in kleine Würfel schneiden und in der heißen Butter anrösten. Dann Pilze, Sardellenpaste und Fleisch zugeben. Sobald das Fleisch von allen Seiten angebraten ist, Soßenlebkuchen und Wildgewürz hineingeben. Mit Rotwein und etwas Wasser aufgießen.

Das Rehgulasch fertig garen. Das Tee-Ei mit Wildgewürz entfernen, Sahne oder Sauerrahm unterziehen, Mehl und Maggiwürze unterrühren. Zuletzt mit Orangensaft abschmecken.

Tipp
Kochen Sie das Gulasch am besten 20–30 Minuten im Schnellkochtopf. So gehen besonders wenig Fleischsaft und Geschmack verloren.

Dazu passen Jägerspätzle und Salat.

Kaninchen in Weißwein

1 Kaninchen (1 1/2 kg)
Salz und weißer Pfeffer
2 EL Öl
50 g durchwachsener Speck, gewürfelt
4 Zwiebeln, fein gehackt
1 Knoblauchzehe, fein gehackt
250 ml Weißwein
Saft von 1 Zitrone
125 ml Fleischbrühe
1 kleines Lorbeerblatt
1/2 TL Thymian
1 Prise Pimentpulver
250 g Champignons, blättrig geschnitten
2 TL frisch gehackte Petersilie
6 EL Sahne

Das Kaninchen abspülen, trockentupfen und in 8 Stücke teilen. Mit Salz und Pfeffer einreiben. Den Backofen auf 150 Grad vorheizen.

Das Öl erhitzen, den Speck zugeben und die Kaninchenteile darin von allen Seiten anbraten. Zwiebeln und Knoblauch zufügen. Dann Wein, Zitronensaft und Brühe angießen und mit den Gewürzen bestreuen. Im heißen Ofen etwa 2 Stunden garen.

10 Minuten vor Ende der Garzeit die Champignons zufügen. Das fertig gegarte Kaninchen aus dem Ofen nehmen und die Soße mit Petersilie und Sahne verfeinern.

Tipp
Ein Stallhase benötigt etwa 3 Stunden Garzeit. Servieren Sie dazu Salzkartoffeln oder Kartoffelklöße.

Hasenbraten

Für 4–6 Personen:
1 Stallhase, küchenfertig
40–60 g Speck zum Spicken
Salz und Pfeffer
60–80 g Butter
2 Zwiebeln, gehackt
1 Bund Suppengrün, zerkleinert
Wacholderbeeren
500 ml Brühe oder Wasser
6 EL Sauerrahm
1–2 TL Speisestärke

Für die Marinade:
1 Teil Essig
1 Teil Wasser
5 Gewürznelken
1 TL Pfefferkörner
2 Lorbeerblätter
6 Wacholderbeeren
Salz

Für die Marinade alle Zutaten in einer Schüssel mischen, den Hasen hineinlegen und 2–3 Tage abgedeckt durchziehen lassen. Anschließend herausnehmen, trockentupfen, spicken und mit Salz und Pfeffer würzen.

Die Butter in einem Bräter erhitzen und den Hasen darin anbraten. Zwiebeln, Suppengrün und Wacholderbeeren zugeben und im heißen Backofen unter Zugabe der Flüssigkeit und etwas Marinade braten. 10 Minuten vor Ende der Garzeit den Hasen mit Sauerrahm begießen und etwas bräunen lassen.

Den fertig gebratenen Hasen herausnehmen, die Soße abschmecken und mit in etwas Wasser angerührter Speisestärke binden.

Häbbi Hack

Burger Orientl

»Däss bassd goud in Manda nai! Wenni middm Gimpl aaf die Pissde gäih, in Woong rabblvull midd Schneggn bis Oberkande Underlibbe, nou baggmer äschd die Börger aus, schbäder die Schneggn zamm.« Tuning-Paul

1 Zwiebel, gehackt
500 g Rinderhack
250 Lammhack
Salz und Pfeffer
1 Prise Pimentpulver
Pflanzenfett zum Braten

außerdem:
150 g Sauerrahm
4 Knoblauchzehen, zerdrückt
4 Sesamsemmeln
1 kleine Tomate
1 kleines Stück Zucchini
1 kleine Zwiebel
4 Salatblätter

Rinder- und Lammhack in einer Schüssel mischen, die Zwiebel untermengen und mit Salz, Pfeffer und Piment abschmecken. Aus dem Teig möglichst dünne Küchle formen. Etwas Fett in einer Pfanne erhitzen und die Burger bei mittlerer Hitze von beiden Seiten 5 Minuten braten.

In der Zwischenzeit Sauerrahm und Knoblauch verrühren und kräftig mit Salz und Pfeffer würzen. Die Brötchen aufschneiden und beide Hälften mit der Sauerrahmcreme bestreichen. Tomate, Zucchini und Zwiebel in dünne Scheiben schneiden. Auf die unteren Brötchenhälften je ein Salatblatt sowie zwei Scheiben Tomate, Zucchini und Zwiebel legen. Ein Küchle darauf setzen, die Brötchen zusammenklappen und reinbeißen.

Fleischküchle im Wirsingbett

Für 4 Personen:
1 altbackenes Brötchen
500 g gemischtes Hackfleisch
2 Zwiebeln, fein gewürfelt
1 Ei
Salz und Pfeffer
1 Prise Paprikapulver edelsüß
1/2 TL getrockneter Thymian
8 dünne Scheiben geräuchertes Bündle
2 EL Öl
1 Kopf Wirsing
3 Tomaten
20 g Butter
100 ml Gemüsebrühe
150 g Crème fraîche
frische Kräuter zum Garnieren

Das Brötchen in kaltem Wasser einweichen. Hackfleisch, die Hälfte der Zwiebeln, ausgedrücktes Brötchen und Ei verkneten. Mit Salz, Pfeffer, Paprika und Thymian abschmecken. Aus dem Fleischteig 8 Küchle formen. Diese mit je einer Scheibe Bündle umwickeln und mit Holzspießchen feststecken. Das Öl in einer Pfanne erhitzen und die Fleischküchle darin bei mittlerer Hitze 10–12 Minuten unter Wenden braten.

Den Wirsing putzen, waschen und in breite Streifen schneiden. Die Tomaten waschen und achteln. Die Butter in einem Topf erhitzen und die restlichen Zwiebeln sowie den Wirsing darin andünsten. Mit Brühe ablöschen und etwa 8 Minuten garen. Crème fraîche und Tomaten zufügen und nochmals 3 Minuten köcheln lassen. Mit Salz und Pfeffer abschmecken.

Wirsing und Fleischküchle auf einer Platte anrichten und mit frischen Kräutern bestreuen.

Tipp
Servieren Sie dazu Kartoffelpüree oder Salzkartoffeln.

Lammhackküchle

Für 4 Personen:
3 Brötchen
250 ml heißes Wasser
500–600 g Lammhackfleisch
2 Zwiebeln, fein gewürfelt
2 Knoblauchzehen, zerdrückt
2 EL Olivenöl
1 EL frisch gehackter Oregano (oder 1 TL getrockneter)
1 EL frisch gehackter Salbei (oder 1 Msp. getrockneter)
1 EL frisch gehackter Thymian (oder 1 Msp. getrockneter)
3 Eier
3 EL Semmelbrösel
Salz und Pfeffer
1 TL Sojasoße
8 Würfel Schafskäse oder 8 gefülte Oliven
Semmelbrösel zum Panieren
Öl zum Braten

Die Brötchen grob würfeln und im Wasser einweichen, nach 10 Minuten mit der Hand ausdrücken. In der Zwischenzeit Lammhackfleisch, Zwiebeln, Knoblauch und Olivenöl in einer Pfanne glasig dünsten. Dann die Kräuter zugeben und kurz mitdünsten. Ausgedrückte Brötchen, Eier und Semmelbrösel zufügen und alles gut vermengen. Den Fleischteig zuletzt mit Salz, Pfeffer und Sojasoße abschmecken.

Aus dem Fleischteig 8 Küchle formen. Jeweils in die Mitte 1 Würfel Schafskäse oder 1 Olive drücken. Dann in Semmelbrösel wenden und in der Pfanne in heißem Öl goldbraun braten.

Tipp
Sie können das Lammhackfleisch auch mit Schweinehack mischen. Zu diesen Küchle passen Bohnengemüse und Petersilienkartoffeln.

Chili con carne auf meine Art

»Oft erprobt und an sehr vielen Freunden erfolgreich getestet (– und ich bin immer noch ihr Freund ...).«
Bernd Regenauer

Für 12 Personen bzw. für 9 mit großem Hunger:
2 Lauchstangen
500 g Zwiebeln
4 große Knoblauchzehen (kann ruhig auch mehr sein)
je 3 rote und grüne Paprikaschoten
3 EL Butter
4 EL Olivenöl
600 g Rinderhack
250 ml Tomatensaft
2–3 TL Tomatenmark
Salz
einige Spritzer Tabasco
Cayennepfeffer
750 ml kräftige Gemüsebrühe
500 g stückiges Tomatenfruchtfleisch (aus der Packung)
2–4 getrocknete Chilischoten (je nach Schärfegrad – aber bitte keine Scheu vor scharf!)
3 große Dosen Kidneybohnen (à 800 g)
2 Bund frisch gehackte glatte Petersilie
2 Bund frisch gehacktes Basilikum
4–5 EL mittelscharfer Senf

Den Lauch waschen und in schmale Ringe schneiden. Zwiebeln und Knoblauch hacken, Paprika würfeln.

Butter und Öl in einem großen Topf erhitzen und die Zwiebeln darin glasig dünsten. Dann Lauch, Knoblauch und Fleisch dazugeben und gut anbraten. Als nächstes Tomatensaft und Tomatenmark zufügen. Das Ganze mit Salz, Tabasco (keine falsche Bescheidenheit!) und Cayennepfeffer würzen. Danach mit Brühe aufgießen. Zuletzt kommen Tomaten, Chilies und Bohnen samt Flüssigkeit hinein.

Alles zusammen aufkochen und bei schwacher Hitze etwa 1 Stunde köcheln lassen. Zum Schluss Petersilie und Basilikum unterziehen und mit reichlich Senf kräftig abschmecken. Lecker!

Hackbraten im Blätterteig

Für 4 Personen:
1 Packung Tiefkühl-Blätterteig
1 große Zwiebel
1 Brötchen
500 g gemischtes Hackfleisch
2 Eier
1 TL mittelscharfer Senf
1 Knoblauchzehe, zerdrückt
Salz und Pfeffer
1 Prise Paprikapulver
je 1 rote und grüne Paprikaschote
1 Eigelb zum Bestreichen (nach Wunsch)

Den Blätterteig auftauen lassen und eine gefettete, ovale Auflaufform (26 cm) damit auslegen. Eine Teigplatte zurückbehalten.

Die Zwiebel sehr fein hacken. Das Brötchen gut in Wasser einweichen, dann ausdrücken. Zwiebel und Brötchen zum Hackfleisch geben. Eier in einer Tasse verquirlen und mit Senf, Knoblauch und den Gewürzen zum Hackfleisch geben. Alles gründlich durchkneten. Die Paprikaschoten vierteln, waschen und mit dem Sparschäler schälen. Dann in Streifen schneiden und ebenfalls unter die Masse mengen.

Den Backofen auf 200 Grad vorheizen. Die Fleischmasse in die vorbereitete Auflaufform geben, glatt streichen und mit dem restlichen Blätterteig abdecken. Nach Wunsch noch mit Eigelb bestreichen und im heißen Backofen 45 Minuten backen. Den Hackbraten in der Form in Scheiben schneiden und servieren.

Tipp
Dazu gibt's Kartoffelsalat und gemischten Salat nach Saison.

Hackfleischauflauf »Adria«

Den Reis waschen und anschießend in der doppelten Menge Wasser 12 Minuten kochen. Das Brötchen in lauwarmem Wasser einweichen, dann ausdrücken und zerpflücken. Eine feuerfeste Form ausfetten und den Backofen auf 200 Grad vorheizen.

Hackfleisch, Brötchenmasse, Zwiebel, Petersilie, Eier, Salz und Meerrettich zu einem Teig verarbeiten. Den Reis in ein Sieb abgießen, abtropfen lassen und mit Ingwer und Curry mischen. Eine Lage Reis in die Form streichen, darauf eine Schicht Hackfleisch geben. Diesen Vorgang wiederholen. Semmelbrösel und Käse mischen und über den Auflauf streuen. Darauf die Butterflöckchen verteilen und den Auflauf im heißen Backofen 40 Minuten backen.

Die Tomatensoße nach Packungsanleitung zubereiten. Schnittlauch, Knoblauchpulver und Sahne unterziehen und zum Hackfleischauflauf servieren.

Tipp
Dazu passt Chicoréesalat.

Für 4 Personen:
1 Tasse Reis
1 Brötchen
400 g gemischtes Hackfleisch
1 Zwiebel, fein gewürfelt
2 Bund frisch gehackte Petersilie
2 Eier
1/2 TL Salz
1 TL Meerrettich, gerieben
1 Msp. Ingwer, gemahlen
1/2 TL Currypulver
1 Tasse Semmelbrösel
100 g Käse, gerieben
2 EL Butterflöckchen
1 Päckchen Tomatensoße
1 Bund Schnittlauch, in Röllchen
1 Prise Knoblauchpulver
2 EL Sahne

Hackfleischtorte

Für 4 Personen:
700 g Rinderhack
2 Eier
Salz und Pfeffer
1 Prise Paprikapulver
1 Prise Thymian
2 Zwiebeln
2 Knoblauchzehen
1 Bund Petersilie
4–6 gekochte Kartoffeln
Butter für die Form
400 g Tomaten, in Scheiben
125 ml Tomatensaft

Hackfleisch, Eier und Gewürze vermengen. Zwiebeln, Knoblauch und Petersilie fein hacken und unter den Fleischteig mischen. Die Masse nochmals pikant abschmecken.

Den Backofen auf 225 Grad vorheizen. Eine Springform (24 cm Durchmesser) mit Butter ausstreichen. Die Kartoffeln in Scheiben schneiden und die Form damit auslegen. Den Fleischteig darüber streichen. Dann die Tomatenscheiben kreisförmig auflegen. Die Hackfleischtorte zuletzt mit Tomatensaft begießen und im heißen Backofen 30–40 Minuten backen.

Justienes Krautsbraten

»Deffdich deffdich! Un derzou a scheens Seidler Bier, nou machns nix falsch.« Hertha Boggnsagg

Für 4 Personen:
1 Kopf Weißkraut
1/2 TL Selleriesalz
Fett für die Form
einige Butterflöckchen

Für den Fleischteig:
3 Brötchen
250 ml heißes Wasser
2 EL Butter
2 mittelgroße Zwiebeln, fein gewürfelt
1 Knoblauchzehe, zerdrückt
200 g geräuchertes Bündle, fein gewürfelt
2 EL frisch gehackte Petersilie
500 g gemischtes Hackfleisch
2 EL Semmelbrösel
3 Eier
je 1/2 TL Salz und Pfeffer
1 Msp. frisch geriebene Muskatnuss

Das Weißkraut waschen und den Strunk herausschneiden. Dann vorsichtig von außen nach innen 16 Blätter abtrennen. Die restlichen Blätter in feine Streifen schneiden. Einen großen Topf mit reichlich Wasser zum Kochen bringen, Selleriesalz zugeben und die Blätter etwa 1 Minute darin köcheln lassen. Herausnehmen und auf einem Küchentuch nebeneinander abtropfen lassen. Die Krautstreifen im Kochwasser 3–5 Minuten kochen, dann abgießen und auskühlen lassen.

Für den Fleischteig die Brötchen grob würfeln, mit Wasser übergießen, erkalten lassen und ausdrücken. Die Butter in einer Pfanne erhitzen, Zwiebeln und Knoblauch darin glasig dünsten, das Bündle zufügen und anrösten. Dann die Petersilie zugeben. In einer großen Schüssel Hackfleisch, Brötchen, Zwiebelmischung, Semmelbrösel, Eier und Gewürze gut verkneten. Zuletzt die Krautstreifen untermengen.

Eine gefettete Auflaufform mit den Krautblättern auslegen und die Fleischmasse hineinfüllen. Mit Butterflöckchen belegen und bei 160 Grad 1–1 1/2 Stunden im Backofen garen.

Tipp
Dazu gibt's Kartoffelpüree, Salzkartoffeln oder Kartoffelsalat.

Pfannkuchen mit Hackfleischfüllung

Für 4 Personen:
Für die Pfannkuchen:
60 g Mehl
1 Prise Salz
125 ml Milch
4 Eier
30 g Butter, zerlassen
Fett zum Braten
50 g Käse, gerieben
einige Butterflöckchen

Für die Füllung:
40 g geräuchertes Bündle, fein gewürfelt
20 g Butter
1 Zwiebel, gehackt
1 Knoblauchzehe, zerdrückt
400 g gemischtes Hackfleisch
1 kleine Dose Tomaten, zerpflückt
1 TL getrockneter Oregano
Salz und Pfeffer
1 Prise Zucker

Für die Pfannkuchen alle Zutaten zu einem glatten Teig verrühren und zum Quellen beiseite stellen.

In der Zwischenzeit für die Hackfleischfüllung das Bündle in der heißen Butter auslassen. Zwiebel und Knoblauch darin glasig dünsten. Das Hackfleisch zugeben und unter Rühren gut durchbraten. Tomaten mit Saft und Oregano zufügen. Mit Salz, Pfeffer und Zucker würzen. Den Deckel auflegen und 20 Minuten leise köcheln lassen.

Den Backofen auf 170 Grad (Umluft) vorheizen. In einer mittelgroßen Pfanne etwas Fett erhitzen und nacheinander dünne Pfannkuchen backen. Jeden Pfannkuchen sofort mit etwas Fleischfüllung bestreichen und aufrollen. Nebeneinander in eine gefettete Auflaufform legen. Zuletzt mit Käse bestreuen und mit Butterflöckchen belegen. Im heißen Backofen 15–20 Minuten backen.

Tipp
Servieren Sie dazu einen frischen gemischten Salat.

Innereien –
A sou ä Gwerch!

Schweineleber mit Pfirsichen

Für 4 Personen:
400 g Pfirsichhälften aus der Dose
3 EL Zucker
1 EL Weinessig
250 ml heiße Fleischbrühe
1–2 TL Johannisbeergelee
4 Scheiben Schweineleber
4–5 EL Margarine
Salz und Pfeffer
1–2 EL Orangenlikör

Die Pfirsiche gut abtropfen lassen, dabei den Saft auffangen. Den Zucker in einer Pfanne karamellisieren lassen. Pfirsichsaft, Weinessig und Fleischbrühe zugießen und so lange kochen lassen, bis die Soße eindickt. Johannisbeergelee unterziehen.

Die Leber kalt abspülen und trockentupfen. Die Margarine in einer Pfanne erhitzen und die Leberscheiben darin von beiden Seiten braun braten. Dann herausnehmen, mit Salz und Pfeffer bestreuen und warm stellen. Die Pfirsichsoße mit dem Bratensatz verrühren, die Pfirsiche hineingeben und erhitzen. Zuletzt mit Orangenlikör abschmecken. Die Leberscheiben mit den Pfirsichhälften auf einer vorgewärmten Platte anrichten, die Soße getrennt dazu reichen.

Tipp
Servieren Sie dazu Bandnudeln und Salat.

Saure Lunge

Pro Person:
je 200 g Lunge und Herz
2 l Salzwasser
1 Zwiebel
2 TL Sauerbratengewürz
2 EL Essig
1/2 Soßenlebkuchen
250 ml Rotwein
2 EL Zucker

Für die Soße:
50 g Johannisbeermarmelade
1 Päckchen Rahmsoße
1 EL gekörnte Brühe
etwas Kartoffelmehl

Lunge und Herz mit den restlichen Zutaten 45–60 Minuten kochen. Dann herausnehmen und in kleine Streifen schneiden.

In den Kochsud Johannisbeermarmelade, Rahmsoße und Brühe einrühren. Kurz aufkochen lassen und bei Bedarf mit dem in wenig Wasser angerührten Kartoffelmehl binden. Herz und Lunge wieder zugeben, heiß werden lassen und servieren.

Tipp
Zu diesem Gericht gibt's Semmelknödel.

Nieren sauer

500 g Nieren
1 TL Fett
1 kleine Zwiebel, gehackt
125 ml Wasser
30 ml Essig
5 g Salz
etwas Pfeffer
4 g Zucker
4 g gekörnte Brühe
1 EL Kartoffelmehl
125 ml Sahne

Die Nieren halbieren und Röhren, Sehnen und Fett entfernen, dann klein schneiden.

Das Fett in einem Topf erhitzen und die Zwiebel darin glasig dünsten. Die Nieren zugeben, etwas andünsten. Wasser und Essig angießen und die Gewürze zufügen. Danach alles etwa 5 Minuten köcheln lassen. Das Gericht mit dem in wenig Wasser angerührten Kartoffelmehl binden. Zuletzt die Sahne unterziehen.

Tipp
Als Beilage gibt's Kartoffelpüree und Salat.

Pfeffernierchen in Sahnesoße

500 g Nieren
1 EL Fett oder Öl
1–2 Zwiebeln, gehackt
Salz
grob gemahlener oder grüner Pfeffer
Paprikapulver
200 ml Sahne
1 TL Speisestärke
1 Päckchen Rahmsoße (nach Wunsch)
frisch gehackte Petersilie zum Bestreuen

Die Nieren halbieren und von Röhren, Sehnen und Fett befreien, dann klein schneiden (eventuell übernimmt das gleich der Metzger). Die Nieren dann mit kochendem Wasser überbrühen, abgießen und gut abtropfen lassen.

Das Fett erhitzen und die Zwiebeln darin glasig dünsten. Nieren zugeben und kurz anbraten, mit Salz, Pfeffer und Paprika abschmecken. Anschließend noch etwas Saft ziehen lassen.

Sahne und Speisestärke verrühren, über die Nieren gießen. Nach Wunsch noch mit Rahmsoße verfeinern. Die fertigen Pfeffernierchen mit Petersilie bestreuen und servieren.

Tipp
Reichen Sie dazu Reis oder Kartoffelpüree.

Rinderzunge in Burgundersoße

Für 4 Personen:
750 g gepökelte Rinderzunge
1 1/2 l Wasser
1 Bund Suppengrün, geputzt
2 Gewürznelken
2 Pfefferkörner
1 Lorbeerblatt
1 Zwiebel, in Ringen

Für die Soße:
2 Schalotten
750 ml roter Burgunder
1 kleiner Zweig Thymian
1 kleines Lorbeerblatt
3 Stängel Petersilie
je 50 g Champignons, Pfifferlinge und Austernpilze, blättrig geschnitten
3 EL weiche Butter
3 EL Mehl
1 Prise Zucker
Cayennepfeffer
Salz

Die Rinderzunge über Nacht wässern. Wasser mit Suppengrün, Gewürzen, und Zwiebel zum Kochen bringen. Die gewaschene Rinderzunge einlegen und etwa 2 Stunden bei kleiner Hitze darin köcheln. Danach herausnehmen, kalt abspülen und sofort häuten. In Scheiben schneiden und auf einer vorgewärmten Platte anrichten.

Währenddessen die Soße zubereiten. Die Schalotten abziehen und fein hacken. Den Wein in einem Topf zum Kochen bringen, dann Schalotten und Kräuter zufügen. Die Hälfte der Pilze einrühren und die Flüssigkeit auf die Hälfte einkochen lassen. Dann durch ein Sieb in einen anderen Topf passieren. 1 Esslöffel Butter mit Mehl verkneten und die Soße damit binden. Die restlichen Pilze zugeben und 10 Minuten kochen. Mit Zucker, Pfeffer und Salz abschmecken. Die Soße zuletzt mit der restlichen Butter aufschlagen und über die Zunge gießen.

Kalbszunge in Weißwein

»Ich sage meiner Frau, der Elsbeth, gerne: Hopp hopp, Elsbeth, mal schnell in die Küche und mir mit Liebe was Köstliches zubereiten! Hähä, wie sie da dann immer kuckt ...!« Herr Beifuß

Die Zwiebel mit den Nelken spicken, das Suppengrün putzen. Einen großen Topf mit Salzwasser zum Kochen bringen und gespickte Zwiebel, Suppengrün, Wacholderbeeren und Kalbszungen hineingeben. Die Zungen etwa 1 Stunde garen, dann herausnehmen.

Für die Soße aus Butter und Mehl eine helle Mehlschwitze bereiten. Mit Wein und Milch ablöschen und etwas Kochbrühe zugießen. Champignons und Kräuter zugeben. Die Soße köcheln lassen, bis sie sämig ist. Zuletzt die Sahne unterziehen und mit Salz und Pfeffer abschmecken.

Die Kalbszungen in Scheiben schneiden und mit Soße überziehen.

Tipp
Servieren Sie dazu hausgemachte breite Nudeln.

Für 4 Personen:
1 Zwiebel
1–2 Gewürznelken
1 Bund Suppengrün
einige Wacholderbeeren
2 Kalbszungen

Für die Soße:
60 g Butter
4 EL Mehl
250 ml trockener Weißwein
1 Tasse Milch
150 g Champignons, blättrig geschnitten
1 Prise Rosmarin
1 Prise Estragon
1 Prise Liebstöckel
1/2 Tasse Sahne
Salz und Pfeffer

Gebackenes Hirn

»Is is hald suu a Sach middm Hirn: Wenns ned wissen, wous schdeggd, nou können däss Ganze vergessn.« Hertha Boggnsagg

Pro Person:
150 g Hirn
Salz und Pfeffer
1 Ei, verquirlt
Semmelbrösel
Fett zum Braten

Das Hirn wässern und anschließend die Haut schön sauber abziehen. Danach das Hirn salzen und pfeffern. In Ei und Semmelbrösel panieren und in reichlich Fett von beiden Seiten ausbacken.

Tipp
Dazu schmecken Kartoffelpüree und grüner Salat.

Metzgereien

Ein Teil der Rezepte stammt von folgenden Metzgereien:

Ammon
Würzburger Str. 550
90768 Fürth-Burgfarrnbach
Nürnberger Bratwürstchen »im Blätterteig«
Putenröllchen mit Lauch-Karotten
Schweinelende in Blätterteig

Willy Böbel
Ritterstr. 9
91166 Rittersbach
Kassler überbacken
Schweinefilet im Gemüsebett

Leonhard Deininger
Königstr. 55
90762 Fürth
Kalbsvögel
Schinken in Rahmsauce
Schweinefleischpfanne

Feinkostmetzgerei Flohrer
Am Vacher Markt 1
90768 Fürth-Vach
Gerollte Lammschulter mit Käse-Kräuter-Füllung
Lammnüsschen in Basilikum
Mitternachtssuppe
Pfeffernierchen in Sahnesoße

Hans-Jürgen Förderreuther
Poppenreuther Str. 108
90765 Fürth
Gulasch mit Lauch
Kalbshaxe auf italienische Art
Rinderzunge in Burgundersoße
Rindfleisch in Schnittlauchsoße

Max Gruber
Dorfstr. 17
91174 Großweingarten
Gekochte gepökelte Rinderbrust
Rinderfiletspitzen
Schweinefilet »Grand Gourmet«
Schaschlik im Römertopf
Ungarischer Gemüsetopf

Hermann Köllensperger
Altdorfstr. 1
86316 Friedberg-Rederzhausen
Schweinekotelett mit Champignonzwiebeln
Ungarisches Gulasch

Georg List
Nürnberger Str. 15
90556 Cadolzburg
Gebackenes Hirn
Nieren sauer
Saure Lunge
Schnitzelsandwich

Werner Popp
Soldnerstr. 4
90766 Fürth
Schnitzelpfanne

Rabus
Gasthof und Metzgerei
Rother Str. 9
91126 Rednitzhembach
Gebratenes Schäufele

A. Schweyer GmbH
Viktualienmarkt 15, Ld. 7
80331 München
Bayerisches Bierfleisch
Knusprige Schinkenscheiben

Sellerer & Schuster
Hirschenstr. 15
90762 Fürth
Putengeschnetzeltes chinesisch
Rouladen
Schnelle Schnitzel

Renate Stirner
Partyservice-Imbiss
Siegelsdorfer Str. 5
90587 Veitsbronn
Lende »1001 Nacht«

Metzgerei Adolf Thomann
Ingrid Stübinger
Erlanger Str. 18
91093 Heßdorf
Käselende
Tessiner Schnitzel

Uschold GmbH
Johannes-Gutenberg-Str. 4
92245 Kümmersbruck-Theuern
Hackfleischauflauf »Adria«
Schweineleber mit Pfirsichen
Schweinerollbraten mit Birnen

Jörg Weckerlein
Schloßhof 14
90556 Cadolzburg-Deberndorf
Schlemmerschnitzel
Schweinelende mit Kloßteighaube

Weidefleisch Franken GmbH (WFG)
Schönbronn 1
91592 Buch am Wald
Burger Orientl
Marinierter Schmorbraten
Weidefleisch-Rippli
Wurstpfanne

Bayerische und Thüringer Spezialitäten-Metzgerei
Achim Wiesenthal
Fabrikstr. 7
83101 Rohrdorf-Thansau
Köstritzer Mutzbraten

Wildspezialist und Metzgerei
Helga u. Werner Willomitzer
Theresienstr. 26a
90762 Fürth
Fasan auf Sauerkraut
Fränkisches Milchzicklein
Gänsebraten
Justienes Krautsbraten
Kaninchen in Weißwein
Lammhackküchle
Rehgulasch

Lokale Agenda 21 – Landkreis Roth
Filet-Apfel-Topf
Geflügelsalat
Hähnchen mit Honig-Marinade
Hähnchenbrust mit Mozzarella-Füllung
Schinkencarpaccio auf Feldsalat

Die restlichen Rezepte stammen aus Kochbüchern und Kalendern des ars vivendi verlages.

Unser besonderer Dank gilt der Zeitschrift »Der Metzgermeister« (Pflaum Verlag, München), die uns auf der Suche nach leckeren Rezepten rund um Fleisch und Wurst behilflich war.
Ein weiterer herzlicher Dank geht an die Fleischerinnung Fürth Stadt und Land, allen voran Herrn Ammon, sowie an die Fleischerinnung Roth, Schwabach, Hilpoltstein für die freundliche Unterstützung.

Register